KB071404

전학주 저자

충남 당진에서 1941년 출생

합덕농업고등학교 졸업

육군 병장 제대

협진화학 근무

(주)대화 근무

中國 黑龍江聲 新華農場 초청 연구원 근무

(주)현미나라 창업

현미에 관하여 한국, 일본, 중국, 미국에서 발명특허 등록

저출산
근본 대책

초판 1쇄 발행 2023년 11월 1일

지 은 이 전학주(010-6765-9510, sindo11111@naver.com)
발 행 인 권선복
편　　집 권보송
전 자 책 서보미
마 케 팅 권보송
발 행 처 도서출판 행복에너지
출판등록 제315-2011-000035호
주　　소 (157-010) 서울특별시 강서구 화곡로 232
전　　화 0505-613-6133
팩　　스 0303-0799-1560
홈페이지 www.happybook.or.kr
이 메 일 ksbdata@daum.net

값 22,000원

ISBN 979-11-92486-95-6　(03330)

Copyright ⓒ 전학주, 2023

도서출판 행복에너지는 독자 여러분의 아이디어와 원고 투고를 기다립니다. 책으로 만들기를 원하는 콘텐츠가 있으신 분은 이메일이나 홈페이지를 통해 간단한 기획서와 기획의도, 연락처 등을 보내주십시오. 행복에너지의 문은 언제나 활짝 열려 있습니다.

하나님이 주신 선물, 낟알이 정답이다!

저출산 근본 대책

전학주 지음

인류는 낟알(통곡물)을 먹으면서
성욕, 애정, 문명 등이 발전해왔다.
그러나 백미, 흰 밀가루 등을
먹으면서 저출산이 되고 있다.

도서
출판 **행복에너지**

결혼을 안 하려는 것은

성감이 퇴화되었기 때문이다.

성감이 퇴화된 데에는 분명 원인이 있다.

씨앗을 흙에 심으면

새싹이 트여 열매를 맺는다.

인류가 먹으면 새로운 생명이

탄생하게 되는 것은 하나님이

주신 낟알을 먹기 때문이다.

머리말

　쌀쌀한 날씨에 싸라기눈까지 휘날리는 차가운 겨울날, 하루 종일 난로 앞에 앉아서 무심코 벽에 걸린 달력에 시선이 갔다. 지난날을 회상하여 보면 모범되지 못한 삶이 두고두고 후회스럽다. 그러나 다시 되돌릴 수 없으니 부끄러운 생각이 든다. 80년 동안 무엇을 하고 살았으며, 앞으로는 무엇을 하면서 얼마나 더 살아야 한단 말인가?

　고달픈 세월을 사는 동안 내 머리에는 듣고 보고 느낀 것이 저장되었을 것도 같은데, 무엇을 어떻게 남기고 가야 한단 말인가?
　가기 전에 지난날의 비망록을 뒤적이며 낟알의 씨눈에는 특별한 영양소가 있다는 것을 확신한 후 자료를 수집하고 연구하여 후세에 도움이 될 것으로 생각되어 한 권의 책을 집필하려 한다.

인류는 440만 년 전 아프리카 에티오피아에서 생존하였다고 미국 과학신문 사이언스(Science)는 발표하였다. 그때의 인류는 지구에 출현하여 수백만 년을 생존하면서 짐승, 물고기, 조개, 나무 열매, 풀뿌리 등을 먹으며 생활하여 두뇌가 명석하지 못한데다 성욕도 퇴화되어 인류가 멸종될 위험도 있었다.

그러나 하나님께서는 성경 창세기 1:29절에서 "온 땅 위에서 씨 맺는 낟알[1]을 내는 풀과 씨가 든 과일나무를 주노니, 너희는 양식으로 삼아라."라고 하였다.(성경에는 씨 맺는 채소라 되었고 성서에서는 낟알이라 표시됨) 그러나 인류는 씨 맺는 낟알과 과일을 주식으로 하지 못하고 1만 년(신석기) 후부터 낟알을 간식으로 조금씩 먹기 시작하였다. 그때부터 남녀가 이성을 알게 되어 옷을 입고 부부가 형성되었으며 활, 주먹도끼 등을 만들어 생활하면서 문명이 발전하기 시작하였다.

---

1. 낟알: 껍질을 벗기지 아니한 곡식 (낟은 껍질이 있는 곡식)

BC400년(철기시대) 후부터 농경문화가 발전되면서 씨 맺는 낟알을 주식으로 하였을 때부터 여성들은 성욕이 왕성하여 남성을 바라보거나 음성만 들어도 남성 역시 여성을 바라보거나 음성만 들어도 기회만 있으면 성교를 하였었다. 그래서 여성들은 가정에서 어린애를 키우면서 음식을 만들었으며 남성은 밖에서 농사를 짓고 사냥을 하면서 남녀가 분업된 생활을 하게 되었다. 그런데도 인구가 6~7명씩 증가하게 되었었으나 1900년(20세기)경부터 현미가 백미로 통밀이 흰 밀가루로 음식문화가 변질되었을 때부터 선진국에서부터 인구가 감소하게 된 것이다.

　　그러나 지구에 생존하는 사자, 호랑이, 늑대, 독수리, 소, 말, 양, 코끼리 등의 동물과 원시인, 에스키모인, 유목인들은 암놈이 발정기 때만 성교를 하여 종족을 번식시키고 있다. 그러나 인류는 씨 맺는 낟알(통곡물)을 주식으로 하였을 때부터 성욕이 왕성하여 자식을 낳고 문명이 발전되었다. 또, 이별할 때, 초상났을 때 슬픈 것을 느끼는 것은 오로지 인류밖에 없다. 그러나 음식문화가 변질되었을 때부터 영양 불균형으로 인해 남녀가 뒤

엉켜 생활하여도, 여성은 남성을 보아도, 남성은 여성을 보아도 아무런 성감을 못 느끼게 되었다. 그러면서 결혼을 기피하고 저출산으로 인구가 감소하게 되고 있다. 그런가 하면 선진국에서는 이러한 현실을 주시하지 못하고 TV, 냉장고, APT를 구입해 주고 또는 현금을 지급해 준다고 한다. 그러나 경제적 지원을 해 준다고 될 문제가 아니다. 오로지 음식문화가 개선되어야 저출산이 해결될 것으로 확신한다. 이것을 현대 과학에서 밝히지 못하고 있는 실정이지만 필자는 이 책에서 역사적 또는 현실적인 실례로 밝히려는 것이다.

– 경기 시흥에서 **전 학 주**

추천사

"하나님이 이르시되 내가 온 지면의 씨 맺는 채소와 씨 가진 열매 맺는 모든 나무를 너희에게 주노니 너희의 양식이 되리라" 하였었으나 인류는 지구에 생존하면서 수백만 년이 지나도록 물고기, 조개, 원숭이, 나무열매, 풀뿌리 등을 먹으면서 살았었다고 했다.

그후 BC4세기(철기시대) 후부터 정착 농법을 하면서 철제를 이용하여 낫, 호미, 쇠스랑, 가래, 쟁기 등을 이용하여 곡식을 추수하여 낟알을 먹은 후부터 어린애들을 많이 낳았다는 것을 인식하였다.

그러나 1900년경부터 도정시설이 발전되면서 현미를 백미로, 통밀가루를 흰밀가루로 음식문화가 변한 후부터 저출산으로 세계 여러 나라가 재앙이 온 것이라 한다.

그래서 전학주 사장은 현미에 관련된 책과 논문 등의 자료를 수집하여 연구를 다년간 하여서 먹기 편리하고 소화가 잘 되는 현미를 개발하여 저출산을 해결하게 된 것에 깊은 찬사를 보내는 바이다.

– 공주대학교 식품공학과 교수 **류 기 형**

    저자 전학주 사장은 40세에 미국으로 이민 갔었다고 한다. 음식하는 것을 몰라서 전기 밥솥에 밥을 하고 장조림이 식성에 딱 맞았다고 한다.

    그러나 6개월이 지난 후부터 식사를 전혀 할 수가 없어서 대학병원 몇 곳에서 7~10여 일씩 입원을 하면서 종합검사를 받았으나 아무런 이상이 없다는 진단을 받았었다고 한다.

    그러던 중 『기적의 현미』 저자 정사영 박사가 교회에서 건강세미나를 한다는 소식을 듣고 진찰을 받은 바 현미밥을 하여 냉장고에 넣고 매일 조금씩 껌 씹듯 먹어보라는 것이다. 정사영 박사 권고대로 현미밥을 조금씩 먹은 결과 몇 개월 후부터는 건강이 놀라울 정도로 좋아졌다고 했다. 그래서 저출산의 근본적인 해결을 위해서는 백미와 흰밀가루 음식보다도 반드시 낟알(통곡물)을 먹어야 한다고 전 사장은 강조하고 있으며 이 책을 통하여 저자의 소망이 이루어지기를 간절히 기원하는 바입니다.

- (예) 육군 소장 **인 성 경**

목차

제1장 인류의 탄생

제2장 하나님이 허락하신 음식

제8장 환경과 음식은 유전자를 변형시킨다

제9장 원시인의 생활

인류의 탄생

인간은 지구의 광활한 무대 위에서 태양의 조명을 받으며
시나리오나 감독도 없이 제멋대로 일장춘몽의 연극을 한다.
그러다 주어진 역할이 끝나는 날, 천당으로 지옥으로
극락으로 저승으로 가기가 싫든 좋든 가야만 한다.

자의든 타의든 태어나면 필연적으로 고달픈 연극을 해야
하는 것이 숙명이다. 이 고달픈 연극을 하여야 하는 것이
인생사이며 속세에서는 이를 생존경쟁이라고 한다.

그 누구도 원하지 않는 연극을 하면서
지구를 오염시키고 뭇 동물들을 살상하고 있으니
'인류도 언젠가는 업보[1]를 받지 않을까?' 염려되기도 한다.

『성경』에서는 인류의 타락으로 노아홍수보다
더 참혹한 불의 심판이 온다고 한다.
언제 올지 모르는 불 심판이 오기 전에
핵무기, IS테러, 지구온난화, 인구감소, 전쟁, 동물학대 등은
인류가 저지른 일이기에 다음에야 어떻게 되든 말든 불길한 현실이
계속되는 천지에서 어쩔 수 없이 그럭저럭 살아가야 한다.

---

1. 업보: 과거에 지은 죄

1.

지구의 구성

우주가 형성되고 동물과 식물이 서로 협동하며 공생하는 것은 하나님의 정밀한 계획에 의한 것이다. 이것은 우연히 이루어진 것이 아니다. 이것을 『성경』 창세기 1장에서 찾아볼 수 있다. 이처럼 엄청난 우주가 형성되고 생물이 우연히 탄생되었다고 볼 수 없다. 그래서 어느 시인은 이렇게 말한다.

"당신이 하신 일이
어찌 그리 많습니까.
오~오 주여! 당신은
그 모든 것을 지혜로 만드셨고,
당신의 산물이 땅에 가득합니다."

많은 사람들이 이 말에 공감할 것이다. 이 엄청나게 광활하고 과학적으로 오묘하게 설계된 지구는 누구의 창조 작품인가? 자연적으로 형성된 물체라 하기에는 너무나 불합리하다는 생각이 든다.

1969년 '아폴로 11호'에 탑승하여 달에 착륙하였다가 지구로 돌아오던 "닐 암스트롱". 그는 지구를 내려다보고 지구가 너무 아름다운 것을 느끼고, '지구는 창조주의 작품이지 우연히 이루어진 것이 아니다.'라는 확신을 갖게 되어 그는 신앙인이 되었다.

▶ 1969년 아폴로 11호 달에 착륙

우주가 형성된 후 "하나님이 이르시되 내가 온 땅 위에서 낟알을 내는 풀과 씨가 든 과일나무를 너희에게 주노니 너희의 양식이 되리라!" 말씀하였다. 그러나 인류는 수백만 년이 지나도록 씨 맺는 낟알을 양식으로 하지 못했다. 주로 야생짐승, 물고기, 조개, 풀뿌리, 나무열매 등이었다. 그래서 연약한 모습으로 동굴이나 바위 틈에서 생존하다가 1만 년(신석기시대)경부터 씨 맺는 낟알을 조금씩 먹었다. 그후부터 문명이 발전되어 활 주먹도끼 등을 만들어 생활하였다.

2.

인류의 발전

   지구가 탄생한 것은 BC46억 년 경이며 인류가 지구
에서 생존하게 된 것은 440만 년 전이다. 1992년 인류
의 화석이 발견되어 키 120cm 몸무게 54kg의 여성이
완벽하게 복원되었던 것을 미국 과학전문지 사이언스
(Science)가 2009년도 10월호에서, 인류가 440만 년 전
에 아프리카 에티오피아에서 생존하고 있었다는 것을
발표했다.

각종 동물들도 인류가 탄생한 전후에 생존하게 된 것으로 추측되고 있다. 그러나 그 시대의 인류는 속도도 빠르지 못하고 이빨과 발톱도 억세지 못한데다 힘도 강인하지 못했다. 그러나 사자, 범, 치타 등의 동물들은 속도도 엄청 빠르며 이빨과 발톱도 억센데다 힘도 강인했다. 그래서 지구의 주인공 역할을 하였다.

인류는 늘 큰 짐승들에게 잡혀 죽지 않으려고 동굴이나 바위틈에서 멀리 못 나갔다. 또, 여러 사람이 떼로 몰려 다니며 근처에 있는 작은 짐승, 물고기, 조개, 나무열매, 풀뿌리 등을 먹으면서 생존하였으나 환경과 먹잇감이 열악하여 멸종위기가 되었을 때도 있었다.

BC1만 년(신석기시대) 후부터 일기가 좋지 못하여 사냥을 하지 못할 때가 있었다. 그때 산과 들에 있는 벼. 보리, 밀, 귀리 등의 씨 맺는 낟알을 갈판[1]에 놓고 갈돌[2]로 찧어서 조금씩 먹기 시작하였다. 그때부터 문명이 발전하여 활과 창으로 짐승을 사냥하고 인구가 조금씩 증가

---

1. 갈판: 넓적하고 움푹 들어간 돌
2. 갈돌: 주먹같이 생긴 돌

하게 되었다.

인류는 씨 맺는 낟알을 먹었기 때문에 문명이 발전되고 인류가 증가하게 되어 지구를 지배하게 되었다.

『성경』창세기 1장 28절에서 "하나님께서는 자식을 낳고 번성하여 온 땅에 퍼져서 땅을 정복하여라. 바다의 고기와 공중의 새와 땅 위를 돌아다니는 모든 짐승을 부려라!" 하였다.

지구에 생존하는 4,700여 포유류 동물 중에서 낟알을 주식으로 하는 동물은 인류밖에 없다. 인류는 낟알을 주식으로 하였을 때부터 두뇌가 명석하고 성욕이 왕성한 것은 인류에게 주어진 하나님의 특혜라 할 수 있다.

동물들은 지구에 출현된 후 수백만 년이 지나는 동안 별다른 발전이 없었다. 그러나 유독 인류만이 문명이 눈부시게 발전하게 되었다. 이는 인류가 탄생되어 1만 년 후부터 곡식을 먹기 시작하였을 때부터 모든 동물을 다스리게 되었다. 만약 하나님 뜻대로 낟알과 과일을 주식으로 못 하고 짐승 물고기 조개 나무 열매 풀뿌리를 주

식으로 하였더라면 두뇌도 발달되지 못하고 이성의 감
정도 퇴화되어 원숭이, 침팬지, 원시인, 에스키모인과
비슷했을지도 모른다.

440만 년경~70만 년경 · 구석기시대 이전 · 인구멸종 위험 시대	동굴과 바위틈에 살면서 나무 열매, 풀뿌리, 작은 짐승, 물고기, 조개 등을 먹었다. 큰 동물을 피하기 위해 여러 사람이 몰려다니면서 돌과 막대기로 사냥을 했다. 주로 밤에 먹을 것을 찾아 채집을 하였다. 환경과 식생활이 좋지 못하여 멸종될 위험도 있었다.
BC 8,000~BC 400년 · 구석기, 신석기시대, 청동기시대 · 인구가 조금씩 증가	활과 돌창으로 사냥을 하고 물고기, 조개 나무 열매, 풀뿌리, 등을 먹었다. 벼, 밀, 보리, 귀리 등을 갈판에 놓고 갈돌로 비벼서 간식으로 먹은 후부터 인구가 조금씩 증가하였다.
BC 400년~1900년경 · 철기시대, 현대시대 · 인구 증가	농경문화가 발전하면서 철기로 농토를 개간하여 벼, 보리, 밀, 등의 낟알을 절구, 디딜방아, 물레방아, 연자방아로 찧어서 주식으로 했다. 그때부터 세계 인구가 급증하였다.
1900년~현대사회 · 저출산으로 인구 감소	20세기부터 도정기계가 발달하여 현미가 백미로, 통밀이 흰 밀가루로 주식문화가 변질되었다. 그때부터 선진국부터 결혼을 기피하여 저출산을 하게 되었다.

3.

한국 민족과 볏짚

　조상들은 쌀과 볏짚(지푸라기)으로 생활의 모든 것을 거의 다 해결하였다. 쌀로 밥을 지어먹고 떡을 만들어 명절음식과 의례로 사용하였다. 쌀로 청주와 탁주 등을 만들어 즐거운 생활을 하였다. 쌀은 생활의 신앙이고 화폐이며 정신적인 뿌리 역할을 하였다.

　농사지어 수확한 쌀을 주식으로 했다. 쌀을 열리게 하는 볏짚으로 주택의 지붕을 이었다. 그 볏짚으로 담을 두르고 그 속에서 볏짚으로 만든 멍석을 깔았고 볏짚을 때어 방을 덥히면서 수천 년을 살아왔다.

　바위틈이나 땅굴에서 움집으로 나온 후부터 쌀을 주식으로 하면서 볏짚과 한국민족은 천고의 인연을 맺었다. 볏짚 위에서 아기로 태어나 운명이 다하는 날까지 살았다. 죽고 나서는 초분이라 하여 볏짚으로 둘둘 싸여 볏짚 새끼줄에 묶여 저승으로 떠났다. 그러니 볏짚이 인생의 시발역이고 종착역이기도 하였다.

어머니 뱃속에서 밀려 나와 최초로 눕혀지는 곳이 볏짚 위였다. 산모가 진통을 하면 볏짚을 깔아 그 위에서 해산을 했다. 해산의 표시로 볏짚으로 새끼줄을 꼬아 흰 종이와 고추와 숯으로 만든 금줄을 대문 위에 매달아 놓았다. 그래서 외부 사람들이 접근하면 부정 탄다 하여 출입을 막기도 하였다. 고추와 숯을 매달면 아들을 낳았다는 표시이고, 고추 없이 숯만 매달면 딸을 낳았다는 표시이기도 하였다.

볏짚의 인연이 그것뿐이겠는가? 1950년경까지도 한국 민족은 볏짚으로 만든 것이 생활도구였다.

방이나 토방에 깔던
자리도 볏짚

장날 달걀을 꾸려서
팔러 가던 것도 볏짚

장마철에 쓰고 다니던
도랑이도 볏짚

메주를 엮어 추녀 밑에
달아매던 것도 볏짚

밥을 지을 때 아궁이에
불을 때던 것도 볏짚

여름철 참외, 오이, 호박을
나르던 삼태기도 볏짚

곡식을 널어 말리던
멍석도 볏짚

맷돌 돌릴 때 깔던
맷방석도 볏짚

벼를 담아 저장하던
섬과 가마니도 볏짚

장에 갈 때, 이웃동네
갈 때 신던 짚신도 볏짚

과거 보러 한양에 갈 때
괴나리 봇짐 뒤에 매달고
가던 짚신도 볏짚

1922년 8월 부산 대륙고무공업(주)에서 장군표 검정고무신을 처음으로 생
산하여 판매하기 전에는 역시 볏짚이었다

씨앗을 담아 보관하던
씨오쟁이도 볏짚

빨래를 말리던
새끼줄도 볏짚

겨울에 바람을 막아 주던
거적도 볏짚

장날 자반을
묶어 오던 것도 볏짚

종이가 귀했던 시절
뒷간에서 밑씻개로
쓰던 것도 볏짚

초가지붕을 이엉으로
덮던 것도 볏짚

장독의 금줄도 볏집

당산 나무를 두르던
것도 볏집

  한국민족은 볏짚 위에서 태어나서 초가집 밑에서 쌀밥을 먹고 살다가, 죽어서는 볏짚 거적에 둘둘 말려 저승길도 볏짚과 같이 갔던 인연이, 이제는 아득한 옛 추억으로 사라지고 있다.

4.

벼의 구조

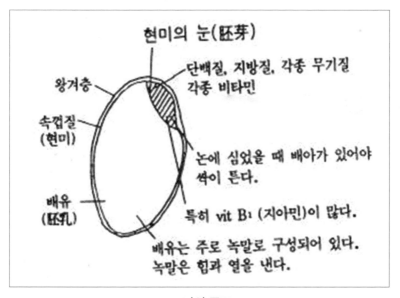

▶ 벼의 구조

◇ 현미

벼의 최외피 층을 왕겨라 하며 왕겨를 벗겨낸 것을 현미라 한다. 현미는 쌀겨(미강), 씨눈(배아)과 백미(배유)로 분류된다. 왕겨 층은 현미를 보호하고 외부로부터 곰팡이와 해충을 막아낸다.

왕겨는 유리 성분의 각질로서 까칠까칠하면서 미세한 꺼럭이 있어서 부딪쳐도 깨지지 않는다. 왕겨 윗부분에는 강질의 침(가시)이 있어서 조류의 피해를 막는 경비 역할을 한다.

쌀겨층은 파라핀(양초) 성분과 리그닌(송진) 성분이 혼합되어 있다. 표면이 반들반들한 쌀겨(과피, 종피, 호분)층의 질긴 피막으로 배유와 배아를 둘러싸고 있다. 산성과 알칼리성에 강한 반투성(半透性)의 피막은 식염, 염산, 색소 등을 투과하지 못한다. 그래서 사람이 식사할 때 씹히지 않은 현미밥은 역시 침샘과 위액이 침투되지 못하여 위장에서 소화를 잘 시키지 못한다.

벼는 온도, 습도가 적당할 때 숨쉬는 생명체이다. 그래서 습도, 건조 등의 자연환경으로부터 자신을 지키기 위해서 최외부를 포장한 왕겨의 섬유세포에는 송진 성분의 리그닌(lignin)과 유리 성분의 규산(SiO2)이 합성되어 두껍게 덮여 있다. 그래서 단단하고 껄끄러운 구조로 현미층을 보호하고 있다.

또한 현미 배 밑에 붙어있는 배아(씨눈)는 수분, 온도, 산소 등의 환경조건이 갖추어지면 새싹이 생성되어 발육하게 된다. 종족을 번식하는 인자의 새싹은 줄기 잎 뿌리로 분화되어 성장하게 된다. 수분, 온도, 산소 등의 발아 조건이 갖추어지지 않으면 몇천 년이 지나도 동면으로 생명을 유지한다.

◇ 왕겨에는 다음과 같은 특징이 있다

1. 강질의 섬유질로 규사와 리그닌 등으로 구성되었기에 병충해와 곰팡이의 침입을 막는 역할을 한다.
2. 불에 잘 타지도 않고 잘 썩지도 않는다.
3. 왕겨 표면에 강질의 미세한 꺼럭이 있어서 부딪혀도 외부 충격을 받지 않는다.
4. 왕겨 윗부분에는 침같이 강하고 날카로운 긴 수염이 있어서 조류와 짐승들의 침입을 막는 경비 역할을 한다.
5. 생명력이 강인하여 6m의 물속에서도 발아되어 수면 위까지 성장하여 결실한다.

6. 방한과 방열의 역할을 하여 영하의 추위와 고온에
   서도 손상되지 않고 휴면한다.
7. 저장성이 좋아 해충이나 미생물의 피해를 막아낸다.

▶ 왕겨(벼의 겉에서 맨 처음 벗긴 굵은 겨)

창조주는 현미가 얼마나 중요하기에 왕겨로 현미를 철
저하게 포장하였을까? 현대과학으로는 미스터리를 해명
하지 못하고 있다. 그러나 밀, 보리에도 왕겨가 있지만,
현미처럼 철저하게 포장되어 있지 않는다.

왕겨는 방열과 방한 효과가 좋다. 그래서 조선시대 때
에는 한강변에 창고를 짓고 가을에 왕겨를 가득 채워 놓

앗다가, 겨울에 한강에서 얼음을 잘라서 왕겨 속에 묻어 두면 여름까지 녹지 않았서 얼음을 궁궐에서 사용하였 다고 한다. 그 얼음 창고가 서울 용산구 서빙고동과 용 산구 이촌동에 있었다는 것이 지금까지 전해오고 있다.

제철회사에서도 왕겨를 사용하였다. 주물을 성형한 다 음 갑자기 식히면 변형이 생긴다. 그런데 왕겨는 방한, 방열효과가 있어서 왕겨 속에 묻어두면 서서히 식어서 변형이 안 되기 때문이다.

벼의 왕겨 층은 현미에 부착되어 있어서 제현기로 탈 각하여야 왕겨 층이 탈각(벗겨짐)되는데 밀과 보리는 외 피를 둘러싸인 왕겨 층이 있기는 하지만 탈곡하면서 왕 겨 층이 탈각되고 그 왕겨는 있기는 하지만 불에 타고 썩으며 방한 방열 효과도 적다.

◇ 현미의 조성 비율 표

성분	비율	비고
수분	14%	
단백질	7.5%	
탄수화물	72%	
지질	3%	
섬유질	1.2%	
회분	1.3%	
비타민 및 무기질	1%	

◇ 현미의 중량 비중표

현미 조직	중량 비중	비고
쌀겨층	5~6%	
배아	2~4%	
배유	92%	

5

도정기술의 발전사

한반도에서는 BC1만 년(신석기시대) 후부터 곡식을 건조하여 갈판에 넣어 갈돌로 비벼서 겉껍질(왕겨)만 벗긴 것을 식용으로 사용하였다.

철기시대(BC 400년)에 접어들면서 철제로 만들어진 호미, 괭이, 삽, 낫, 도끼, 칼, 창 등을 사용하여 농경사회로 진입하면서 벼. 밀, 보리, 콩, 조, 수수, 기장 등을 재배하여 돌절구로 겉껍질(왕겨)을 벗긴 것을 식용으로 사용하였다.

그러다 몇백 년이 지나서 지레의 원리를 이용하여 디딜방아를 사용하여 겉껍질을 벗기어 식용으로 사용하였다. 정확한 연대는 알 수 없으나, 15세기(조선 중엽)경부터 중국에서 기술을 전수 받아서, 연자방아 물레방아 등을 이용하여 벼를 8~10%로 건조하여 현미로 가공하여 주식으로 사용하였다.

유럽에서는 서기 308~316년경에 프랑스 남부지방 프로방스(Plovence)에서 물레방아로 밀 등의 겉껍질을 벗기어 식용으로 사용하였다는 기록이 있다. 석유가 발견되기 전까지 보리, 밀, 귀리 등을 물레방아로 찧는 것은 노예들의 몫이었다고 한다.

서기 1876년도에 석유가 발견되면서 석유를 이용하여 독일의 오토(Otto)가 점화식 내열기관(발동기)을 발명하였다. 1892년 독일의 디젤(Diecel)이 점화식 내열기관을 추가로 발명하였다. 그 후 제분산업이 발전되어 1천여 년이 넘도록 물레방아로 통밀을 제분하여 빵을 구워 먹었다.

그 시절에는 수분 측정기 등이 없어서 밀 벼를 절구에 넣고 도정하려면 밀 벼를 이빨로 깨물어서 딱 소리가 나야, 분쇄되지 않고 현미로 도정이 가능했었다.

서기 1895년경 일본이 미국에서 발동기의 기술을 전수받아서 현미를 백미로 도정(정미)하여 밥을 지어먹기 시작하였으며 한국에서는 서기 1905년 경부터 발동기 및 도정기계(정미기)를 일본에서 도입하여 현미를 백미로 만들어 밥을 지어먹었다.

현재의 벼는 고무 롤러가 부착된 제현기로 작업하여 왕겨층만 탈각하여 현미피막이 반들반들하였었다. 그러면 소화액이 현미에 침투되지 못하여 압력밥솥으로 밥을 지어도 식사할 때 씹히지 않은 현미밥은 입에서 침이 위장에서 소화액이 침투되지 못한다. 그래서 위장이 더 부룩하고 소화가 잘되지 않는다. 즉, 현미밥은 80번 이상 씹어야 소화가 된다. 이것은 80번 이상 씹지 않은 현미밥을 못 먹게 하기 위한 하나님의 섭리일지 모른다.
　옛날에는 절구나 디딜방아 등으로는 현미만 도정이 가능하였다. 그래서 백미로 도정하는 정미기가 도입된 후부터는 쌀이 현미와 백미로 용어가 구분되었다.

백미 밥에 맛이 들여졌으니 껄끄럽고 식사하기 불편한 현미가 소비자들로부터 호평을 받지 못하고 있는 것은 당연하다. 또한 흰 밀가루로 빵을 구워먹으면 부드러워서 식사하기가 편하다. 반면, 통밀을 제분하여 빵을 구워서 식사하면 껄끄러워서 먹기가 불편하다.

필자는 수십 년을 천신만고로 연구한 결과, 잘 씹히지 않고 껄끄러운 현미밥을 백미 밥처럼 먹을 수 있도록 활성[3]현미를 만들게 되었다.

---

3. 활성: 물질이 에너지나 빛에 의하여 활동이 활발하여짐

제2장

하나님이 허락하신 음식

- 하나님이 가라사대, "내가 너희에게 온 땅 위에서 낟알을 내는 풀과 씨가 든 과일나무를 준다. 너희는 이것을 양식으로 삼아라."
  (인류에게 주신 첫 번째 양식이었다. 성경 창세기 1:29절)

- 하나님께서는 에덴동산 밖에서 너의 먹을 것은 밭의 채소인즉, 이것을 먹고 살다가 필경은 죽어서 흙으로 돌아가리라고 하시었다.
  (인류에게 주신 두 번째 양식이었다. 성경 창세기 3장)

- 하나님께서 모든 산 동물은 너희의 먹을 것이 될지라 채소같이 내가 이것을 다 너희에게 주노라.
  (인류에게 세 번째 주신 양식으로 노아홍수가 지난 후였다. 성경 창세기 9:3절)

곡식의 씨눈에는 새로운 생명을 탄생시키는 물질이 있다. 그래서 흙에 묻으면 새싹이 솟아나고 사람이 먹으면 성욕이 왕성하여진다는 것을 수 백만 년이 지나도록 모르다가 BC400여 년(철기시대) 후부터 낟알(통곡물)을 주식으로 하면서 인류는 출산 문명 애정이 엄청나게 발전하였었다.

◇ 인류가 낟알을 주식으로 하지 못하였다면 어떠한 재난이 발생될 수 있겠는가?

1. 성욕이 퇴화되어 인구가 소멸될 수 있다.
2. 애정이 퇴화되어 부모형제가 초상났을 때 슬퍼하며 통곡하던 것이 점점 사라지고 있다.
3. 문명이 퇴화되어 학업에 치중하지 못하고 오락, 노래, 여행 등을 하려 한다.

건강하면서 저출산이 해결되고 문명이 발전되면서 애정이 많은 어린애를 출산하려면 하나님이 주신 낟알을 주식으로 하여야 한다.

그러나 낟알(활성현미)을 주식으로 하는 데는 어린이들은 일찍 효과를 볼 수 있지만 나이가 많은 사람일수록 3년~5년 이상 먹어야 효과가 발생할 것으로 추정한다. 그래도 후손을 위하여 하루 속히 낟알을 주식으로 하는 음식문화가 변하여야 한다는 것이 서적이나 논문에서 아직까지 밝혀진 바 없으나 설문조사에서 밝히는 바이다.

현대 과학은 이러한 현실을 아직까지 밝히지 못하고 있으나, 인류가 지나온 역사와 현실에서 증명되고 있다.

1.

씨 맺는 낟알과 인류

하나님은 인류를 창조하고 낟알(통곡물)과 과일을 양식으로 삼으라 하였다. 인류는 수백만 년이 지나도록 짐승, 물고기, 조개, 나무열매, 풀뿌리 등을 양식으로 했다. 그러다 BC1만 년 후부터 씨 맺는 낟알을 양식으로 한 후부터 인류는 두뇌가 명석하여 지구를 정복하게 되었다.

창세기 1장 28절 하나님께서는 "생육하고 번성하여 땅을 정복하라. 바다의 물고기와 하늘의 새와 땅에 움직이는 모든 생물을 다스리라" 하시니라.

◇ **인류는 낟알을 주식으로 하였기 때문에 우수하다**
1. 씨 맺는 곡식에는 인간이 필요로 하는 탄수화물, 단백질, 지방질, 비타민, 미네랄, 섬유질 등이 골고루 짜임새 있게 갖추어져 있다. 그래서 건강한 체력과

질병의 면역이 있게 된다.

2. 씨 맺는 곡식의 씨눈에는 종족을 번식하는 인자가 함유되어 있다. 당연히 현미, 통밀 등에도 있어서 선조들은 성욕이 왕성하였다.

3. 현미와 통밀의 주성분인 탄수화물은 식사할 때 침에 의하여 효소분해되어 소화를 쉽게 할 수 있는 특이한 물질이 있다.

4. 탄수화물은 가장 중요한 영양소이며 탄수화물을 인류가 가장 많이 섭취한다. 그래서 인간은 다른 동물보다 두뇌발달이 잘 되어 있다.

5. 일본 "야스오카" 학자는 망간(Mn)은 애정을 표현하는 미네랄이라고 하였다. 미네랄이 부족하면 애정을 느끼지 못한다. 그래서 사람이 죽었을 때 또는 이별을 할 때 슬픈 것을 못 느낀다.

6. 낟알, 과일, 채소 등을 주식으로 하면 건강에 좋으며 질병의 저항력이 강하게 된다.

7. 낟알과 통밀은 소식을 하여도 건강하게 되며 간식하고 싶은 생각이 없어진다.

9. 낟알을 먹게 되면 신경의 안정을 가질 수 있다. 백미, 흰 밀가루 음식을 먹게 되면 본능적으로 술도 먹

어보고, 담배도 피워보면서 순간을 환각하려 한다.

9. 양이나 토끼는 지식이 많고 도덕 공부를 많이 해서 선량한 것이 아니다. 식물성 먹이만 먹기 때문에 근심걱정 없이 평화롭게 산다. 호랑이와 사자는 힘이 세고 날카로운 이빨과 발톱이 있어서 무적의 왕자임에도 늘 불안해한다. 그래서 사방을 경계하면서 힘을 과시하며 으르렁거린다. 이는 동물성 먹이만 먹기 때문이다.

10. 인류는 낱알을 주식으로 하기 때문에 수명이 길며 두뇌가 명석하고 성욕이 왕성한 것이다.

◇ 씨 맺는 곡식을 섭취하면 왜 건강하게 되나?

1. 소식을 하여도 위장은 물론 신체 각 조직이 편안하다.

2. 소식을 하여도 각종 영양소가 풍부하여 질병을 예방 및 치료가 된다.

3. 씨눈(배아)에 함유되어 있는 비타민 E는 혈관확장 작용과 혈액 순환을 촉진시킨다.

4. 한국에서 현미식을 수년 동안 먹은 사람들은 암에 걸린 환자가 발생되지 않았다는 보고도 있다.

5. 선조들은 고혈압, 당뇨병, 뇌졸중 등의 현대병이 없었다.

2.

곡식과 세계인구 증가

　동물들은 자연의 법칙에 의하여 체력이 강인한 동물들은 출생하는 숫자가 적다. 반면에 체력이 약한 동물들은 체력이 강한 동물의 먹이가 되기 때문에 출생하는 숫자가 많다.

　또한 식물도 생존력 강한 소나무, 참나무, 은행나무, 느티나무 등은 번식하는 숫자가 적다. 반면에 번식력이 약한 채소, 꽃, 곡식, 잡풀 등은 1~2년 자생하다가 사라지면 다시 태어나서 생존하게 된다.

　이처럼 모든 동식물은 자연의 법칙에 순응하면서 생존한다. 그래서 더 줄지도 더 늘어나지도 않으면서 수만 년 동안 평준화를 이루면서 생존하였다. 그래서 지구는 영원히 평화롭게 유지되고 있다.

그러나 모든 동물들의 같은 체중에 의하면 숫자가 더 늘어나지도 줄어들지도 않았지만 유독 인류는 지구에서 80억 명으로 갑작스럽게 급성장하고 있다. 그래서 하나님은 불의 심판이 오기 전에 저출산으로 인류의 숫자를 줄이려는 방법을 사용하고 있는지도 모른다.

인류가 BC400년(철기시대) 전까지도 지구에서 모든 동물들처럼 평준화되려고 하였었다. 아프리카 에티오피아에서 BC440만 년경부터 1만 년(구석기시대) 전까지는 땅굴 바위틈에서 생활하다 보니 멸종될 위험도 있었으나 BC1만 년(신석기시대) 후부터 여우, 토끼, 멧돼지, 물고기, 조개, 나무열매 등을 주식으로 하였으며 일기가 좋지 못하여 밖에서 채집을 못 할 때는 야생, 밀, 보리, 귀리 등을 갈판에 놓고 갈돌로 찧어 먹으면서 모든 동식물처럼 인구가 늘어나지도, 줄어들지도 않았다. 그러면서 자연의 법칙에 순응하면서 평준화되었다.

그러나 BC400년경(철기시대)부터 농경문화가 발전되어 통곡물, 보리, 귀리 등의 날알을 절구, 디딜방아로 찧어 주식으로 했다. 그때부터 부부가 평균 6명의 자녀를 낳았다. 그래서 세계 인구는 급속으로 증가하였다. 이는 미국 통계국에서 발표한 것이다.

그러나 1900년(20세기) 초부터 도정기술이 발전하여 미국, 호주, 캐나다, 영국, 독일, 이태리, 일본, 중국, 한국 등의 국가 등에서는 현미를 백미로, 통밀을 흰 밀가루로 주식문화가 변질되었다. 이때부터 성욕이 퇴화되어 결혼을 하지 않으려는 젊은 사람이 많아서 저출산으로 인류가 존폐될 위험성까지 있다. 반면 아프리카, 남미, 아세아 후진국에서는 제분시설이 발달되지 못하여 통밀, 현미, 보리, 옥수수 등의 낟알을 맷돌로 갈아서 죽으로 먹고 빵을 구워먹으므로 인구가 증가되고 있다.

BC440~BC1만 년: 환경이 열악하여 인구 소멸상태

BC1만~BC3천 년: 환경이 좋아져서 인구가 조금씩 증가

BC2천년~2000년: 인구가 급격히 증가

2000년~2020년: 저출산으로 인구 감소

◇ 세계인구 현황 미국통계국 발표(출처 엠파소 백과사전)

기간	년도별 증가	증가 수	세계인구	
BC440만 년 ~BC7만 년	433만 년 동안		약 2천 명	인구 소멸 상태
BC 7만 년 ~ BC 1만경	6만 년 동안	998천 명	약 1백만 명	
BC 1만 년 ~BC 9천 년	1천 년 동안	2백만 명	약 3백만 명	
BC 9천 년 ~BC 8천 년	1천 년 동안	2백만 명	약 5백만 명	
BC 8천 년 ~BC 7천 년	1천 년 동안	2백만 명	약 7백만 명	
BC 7천 년 ~BC 6천 년	1천 년 동안	3백만 명	약 1천만 명	
BC 6천 년 ~BC 5천 년	1천 년 동안	5백만 명	약 1천 5백만 명	조금씩 증가
BC 5천 년 ~BC 4천 년	1천 년 동안	5백만 명	약 2천만 명	
BC 4천 년 ~BC 3천 년	1천 년 동안	5백만 명	약 2천 5백만 명	
BC 3천 년 ~BC 2천 년	1천 년 동안	1천만 명	약 3천 5백만 명	
BC 2천년 ~BC 1천년	1천 년 동안	1천 5백만 명	약 5천만 명	
BC 1천 년 ~AD1년	1천 년 동안	1억 5천만 명	약 2억 명	
AD 1년 ~AD 1000 년	1천 년 동안	1억 1천만 명	3억 1천만 명	
AD 1천 년 ~AD 1750년	750년 동안	4억 8천만 명	7억 9천만 명	
AD 1750년 ~AD 1800년	50년 동안	1억 9천만 명	9억 8천만 명	인구 증가
AD 1800년 ~AD 1900년	100년 동안	6억 7천만 명	16억 5천만 명	
AD 1900년 ~AD 1960년	60년 동안	13억 5천만 명	30억 명	
AD 1960년 ~AD 1900년	40년 동안	22억 명	52억 명	
AD 1900년 ~AD 2000년	100년 동안	8억 명	60억 명	선진국부터 인구 감소
AD 2000년 ~AD 2010년	10년 동안	10억 명	70억 명	
AD 2010년 ~AD 2020년	10년 동안	6억 명	80억 명	

3.

하나님이 주신 낟알

성경에서 아담과 하와는 에덴동산에서 선악과를 먹지 않고 행복하게 살고 있었다. 아담이 뱀의 꾐에 현혹되어 선악과를 먹고 난 후에 이성을 알게 되어 무화과 잎으로 음부를 가리었다.

선악과는 지상에서 존재하지 않는 무형의 과일이다. 실제는 하나님이 인류에게 주시었던 선악과는 씨 맺는 낟알(통곡물)이었을 것이다. 낟알을 먹은 후부터 성욕이 왕성하여 자식을 낳게 되었다.

에덴동산에서 쫓겨난 후 아담과 하와는 선악과를 먹은 후 성욕이 왕성하여 아들 가인을 낳고, 가인은 에녹을 낳고, 에녹은 이랏을 낳고, 이랏은 므후야엘을 낳고, 므후야엘은 므드사엘을 낳고, 므드사엘은 라멕을 낳고, 라멕은 노아를 낳고, 노아는 셈 함 야벳을 낳았다.

아담과 하와가 선악과를 먹은 후 8대 자손에 이르렀다. 그러나 하나님은 자신이 창조한 인간을 한탄하였다. 그 이유는 카인은 아벨을 죽이고 라멕은 소년을 죽이면서 좋아하는 모든 여자를 아내로 삼는 등 세상이 너무 타락하였기 때문이다. 이에 노아 부부와 아들 며느리 등 8명과 새와 땅에 기는 모든 가축을 종류대로 홍수를 피하여 방주에 오르게 하였다. 그러면서 사십 주야를 땅에 비를 내려 모든 생물을 지면에서 쓸어버리라고 하시었다.

노아홍수가 땅을 휩쓴 후에 바닷물로 인해 곡식, 채소를 구할 수 없는 긴박한 상황이었다. 이때, 자구책으로 하나님이 세 번째 양식을 주셨다. "모든 산 동물을 다 너희에게 양식으로 주노라"라고 하였다.

인류는 노아홍수가 지나간 후에 곡식, 채소, 산 동물을 양식으로 하였다. 그때부터 인류는 질병의 재앙에서 헤어나지 못하고 있다.

그러나 인류 중에서 불교스님들은 육식을 금기시하고, 곡식, 채소, 과일 등을 먹으면서 100세를 살아도 현대병을 모르는 사람도 있다고 한다.

위대한 업적을 남긴 사람 중에서도 플라톤, 피타고라스, 소크라테스, 풀루타크, 레오나르도 다 빈치, 아이작 뉴턴, 다윈, 에디슨 등도 역시 육식을 금기시하였었다.

◇ 성서에서 노아홍수 전과 노아홍수 후 수명비교

노아홍수 전 채식한 사람(창5장)		노아홍수 후 육식한 사람(창11장)	
아담	930 세	셈	600 세
셋	912 세	아르박삿	438 세
에노스	905 세	셀라	433 세
게난	910 세	에벨	464 세
마할랄렐	895 세	벨랙	239 세
아렛	962 세	르우	302 세
에녹	365 세	스룩	230 세
므두셀라	969 세	나홀	148 세
라멕	950 세	테라	205 세
		아브라함	175 세
		이삭	180 세
		야곱	147 세
		요셉	110 세
평균 나이	866 세	평균 나이	282 세

낟알(통곡물)의 씨눈(배아)에는 종족을 번식시키는 인자가 있다. 그래서 씨눈을 인류가 먹게 되면 성욕이 왕성해지며, 두뇌가 명석하지고, 종족을 번식하게 된다. 그러나 씨눈이 일단 발아가 되면 새싹이 나와서 줄기로 성장하고 열매를 맺게 된다. 즉, 본연의 종족을 번식시키고 낟알에 씨눈이 붙어있게 된다.

곡식 중에서도 벼. 밀, 보리, 귀리 등은 성장하면서 곡식 윗부분에 가느다란 바늘처럼 생긴 침이 있다. 그래서 짐승이나 조류가 먹지 못한다. 즉, 이는 오로지 인류만이 주식으로 사용하라는 하느님의 특혜라고 생각된다.

보리 꺼럭	밀 꺼럭	귀리 꺼럭	벼 꺼럭

벼의 품종 개량으로 꺼럭이 점차적으로 적어지고 있다.

◇ **인류가 낟알을 주식으로 하지 못했을 때는?**

1. 성욕이 퇴화되어 자식을 낳지 못하고 혼자 사는 것을 즐겨 한다.
2. 두뇌가 명석하지 못하여 학업에 열의가 없게 된다.
3. 부모형제가 죽었을 때 또는 이별을 할 때 슬픈 감정을 모른다.
4. 옷을 입지 않고 신체를 노출하며 생활하려 한다.
5. 의욕과 희망이 없이 현실 위주로 생활하려 한다.
6. 낟알, 채소, 과일 등의 천연 식품에서 육식으로 식생활이 바뀌게 되었다. 그 후로 비만, 당뇨병, 고혈압, 심근경색, 동맥경화, 아토피 등의 질병이 만연하게 된다.

인류는 낟알을 먹기 때문에 지능이 발전되었다. 그래서 옷을 입고, 달나라도 가고, 핵무기, 항공기, 기차, 스마트폰 등을 만들어 생활하고 있다. 그러나, 동물은 자기들이 좋아하는 고유한 먹거리가 따로 있기 때문에 태어나서 죽을 때까지 진화되지 못하고 있다.

인류는 통곡물을 좋아한다.

소는 무를 보면 배가 터져라 먹는다.

말은 당근을 보면 역시 배가 터지게 먹는다.

뱀은 술(막걸리)을 보면 죽을 때까지 마신다.

곰은 대나무 잎을 즐겨 먹는다.

지네는 닭을 즐겨 먹는다.

굼벵이는 썩은 지푸라기를 즐겨 먹는다.

멧돼지는 칡뿌리를 즐겨 먹는다.

곰은 꿀을 즐겨 먹는다.

동물과 조류들은 벼, 보리, 밀, 귀리 등에 붙어 있는
바늘 같은 꺼럭 때문에 먹지 못한다. 그러나, 인류만이
가공하여 먹고 있다. 계절 따라 과일, 채소를 부식으로
먹는다. 그래서 수명이 길고, 성욕이 왕성하고, 두뇌가
명석하고, 애정이 많은 것이다.

범, 사자, 늑대, 치타는 날카로운 이빨과 억센 발톱과
달리는 속도가 빠르다. 그러나 사방을 늘 경계하며 으르

렁거린다. 이것은 자기들이 육식을 하기 때문이다. 즉, 자기들도 언제 잡혀죽을지 몰라서 늘 불안하게 살고 있는 것이다.

소, 말, 염소, 양, 토끼들이 온순하고 평화로운 것은 채식을 주식으로 하기 때문이다. 인류가 양, 토끼, 사슴처럼 전쟁을 하지 않고 평화로운 생활을 하려면 낟알과 채소로 음식문화가 변해야 한다.

인류의 음식이 잡식성이라고 많은 학자들의 보고가 있다. 그러나 인류는 곡식과 채식을 주식으로 하여야 질병을 막을 수 있다. 또, 양, 토끼, 사슴처럼 전쟁에서 벗어날 수 있다.

사자, 호랑이, 늑대, 치타 등은 동물성을 주식으로 하고 있다. 돼지, 개, 고양이, 여우, 족제비 등은 잡식성을 주식으로 하고 있다.

인류가 백미와 흰 밀가루에 육류 등의 잡식성을 주식으로 한다면 암, 당뇨병, 뇌졸중, 심장병, 정신질환, 비만환자가 증가될 것으로 예상된다. 잡식성에서 낟알과 채식으로 주식문화가 변하는 것이 인류의 과제다. 그러나 통곡물을 활성현미로 바꾸는 데는 3~5년이 걸린다고 한다. 하루속히 낟알로 바꾸어서 인류가 저출산이 해결되고 문명이 발전되기를 바라는 바이다.

4.

천연 음식의 발전

인간은 절대적으로 필요한 탄수화물, 단백질, 지방질, 비타민, 미네랄, 섬유질, 물, 산소를 섭취해야 한다. 그래야 건강하게 살 수 있고, 각종 질병에 대한 면역을 가지게 된다.

탄수화물, 단백질, 지방질이 부족하면 체온과 체력을 유지할 수 없다. 비타민, 미네랄이 결핍되면 각종 질병에 걸리게 된다. 또, 신진대사가 원활하여질 수 없다. 섬유질이 결핍되면 소화에 영향을 가져올 수 있고, 배변이 원활하지 못한다. 산소를 흡입하지 못하면 심장마비로 신체의 기능이 중지되어 죽게 된다. 물을 먹지 못하면 신진대사를 못 하게 되어 신체의 기능이 저하되어 죽게 된다.

그러나 건강하면서 수명이 연장되는 식품은 무엇일까? 건강하면서 성욕이 왕성해지는 식품은 무엇일까? 건강하면서 두뇌가 명석해지는 식품은 무엇일까?라는 것을 먼저 알아야 한다.

인간이 먹어야 할 음식은 낟알, 과일, 채소 등의 천연 음식[1]이다. 그럼에도 불구하고 육식과 화학조미료로 식생활이 점점 바뀌게 되어 전에는 희귀하였던 병이 현재는 만연하고 있다.

육류, 어류, 계란, 우유, 치즈, 햄버거, 피자, 화학조미료 등은 안 먹어도 된다. 그러나 맛의 덫에 걸리어 마구 먹어대니 병에 안 걸릴 수가 없다. 인간이 먹어야 하는 음식은 낟알(통곡물)과 과일, 채소이다. 이를 섭취하지 못하기 때문에 질병이 발생되고 있다. 또, 화학조미료와 설탕은 입맛을 돋워 과식으로 비만이 될 수 있다.

정제된 백미, 흰 밀가루는 부드러워서 먹기는 편리하다. 그러나 비타민, 무기질, 섬유질이 부족하여 질병을

1. 천연음식: 사람의 힘을 가하지 아니한 음식

일으키게 된다. 육식, 단백질, 지방질을 계속 먹게 되면 고혈압, 동맥경화, 뇌출혈, 관상동맥 질환 등으로 반신 불수가 된다. 이는 선진국일수록 증가되고 있다. 따라서 제약회사와 병·의원은 계속 증가되고 있다.

다시 말하면 질병은 천연음식이 만드는 것이 아니고 인류가 만드는 가공식품이다. 조상들이 앓지 않았던 질병을 현대인들이 많이 걸리고 있다. 이는 환경 등의 자연환경에도 영향이 있지만, 무엇보다도 매일 먹는 식생활이 변했기 때문이다.

그 많은 식품 중에는 건강에 유익한 식품도 있겠지만, 덜 유익한 식품도 분명 있다. 예를 들면 동물성 기름과 설탕이 뒤범벅이 된 것들과 화학조미료, 착색제 등을 과다 첨가한 것들이다.

옛날이나 지금이나 권력이 있고 경제적으로 여유가 있는 사람들은 사회에는 인색하다. 그러나 자신의 몸에 좋고 정력에 좋다는 말만 들리면 검증여부에 관계없이 닥치는 대로 먹는다. 그래서 남아나는 것이 없다고 한다.

필자가 미국에서 거주할 때 어느 교수로부터 들은 말이다. "미국 사람들이 먹는 먹거리는 3천여 종류밖에 되지 않는다. 그러나 한국 사람들이 먹는 먹거리는 2만여 종류가 넘는다고 한다."

우리나라 사람들은 몸에 좋다고만 하면 검증 없이 닥치는 대로 먹어댄다. 즉 오징어, 고사리, 굼벵이, 뱀, 바다쥐포, 고양이, 너구리, 녹용, 해구신 등은 외국 사람들은 먹지 않는다.

그래서 남아나는 것이 없어서 세계에서도 한국인은 아주 유별난 민족이라고 한다.

홍콩의 어느 한의사 말에 의하면 세계에서 녹용을 약재로 사용하는 민족은 한국민족밖에 없다고 한다. 세계 녹용 유통량의 85%가 한국에서 소비되고 15%는 외국에 있는 한국교민들이 소비한다.

녹용이 주로 생산되는 중국, 러시아, 캐나다 등에서는 녹용을 약재로 쓰지 않고 쓰레기로 버린다. 한국에서는 최고의 약재로 사용하기 위하여 비싼 가격으로 수입한다. 우리 민족은 어쨌든 옛 선조 때부터 녹용으로 보약을 지어 많은 허약자를 치료하고 있다.

그래서 우리 민족은 옛날부터 못 먹는 것이 두 가지가 있다. 그 하나는 없어서 못 먹는 것이다. 다른 하나는 누가 주지 않아서 못 먹는 것이다.

인간이나 동물은 무엇을 어떻게 먹느냐에 따라 체질과 성격, 기능이 형성된다는 말이 있다. 우리 민족은 다른 민족이 먹지 않는 것을 닥치는 대로 먹어서 그런지, 필자가 생각하여도 한국 민족은 특별나게 우수하긴 우수한 민족인 것 같다.

5

음식이 인류를 지배한다

독일의 저명한 학자 '부리아 사라한' 박사는 음식은 인간을 변화시키는 위대한 능력이 있다는 말을 하였다. 그대가 먹는 음식을 나에게 말하여 주면 나는 그대가 어떠한 사람인가를 말하여 주리라고 하였다. 매일 먹는 음식에 의하여 체질, 성격 등은 물론 근육, 뼈, 혈액, 머리털, 두뇌 할 것 없이 모든 신체가 대사 활동을 한다. 그래서 음식은 결국 인간을 지배하게 되는 것이다.

다시 말하면 지식인들의 두뇌도 정신박약자들의 두뇌도 매일 먹는 음식의 지배를 받는다. 그래서 음식은 인간의 몸과 마음을 정화시키기도 하고 혼란스럽게 만들기도 한다.

20세기에 들어서면서부터 많은 사람들이 백미, 흰 밀

가루, 육식 등 산해진미를 맛으로 먹는다. 그래서 늘 입이 즐겁게 살고 있다. 그러나 당뇨병, 고혈압, 뇌졸중 등의 현대병으로 고통을 겪고 있게 된다.

옛날 로마의 역사는 찬란했었다. 그러나, 국민들은 주로 육식을 많이 먹었다. 그래서 성격이 포악하여 사람을 호랑이에게 먹이로 주고는 참혹한 광경을 보며 즐겼다. 이는 흰 밀가루, 육식을 주식으로 하는 식생활에 원인이 있는 것이다.

최근 각종 부정과 부패, 사기, 방화, 강도, 살인 등의 모든 사건은 백미, 흰 밀가루를 주식으로 하기 때문이다. 또, 육식과 술, 담배 등의 기호식품을 선호하기 때문이다.

옛날 현미와 통밀을 주식으로 할 때는 술, 담배 등을 먹어도 건강에 별다른 지장이 없었다. 그러나 금세기에 와서는 백미, 흰 밀가루, 화학조미료, 육식 등을 먹게 되었다. 이때 술, 담배 등의 기호식품을 먹게 되면 두뇌에 필요한 영양 공급이 잘되지 못한다. 그래서 심리적으로 불안하고, 피곤하면서, 초조하게 된다. 즉, 무엇에 쫓기

는 것 같고, 매사에 의욕이 없음을 느끼게 된다. 이를 의
사들은 우울증이라고 말하고 있다.

이러한 증상의 발병 원인은 뇌에 필요한 비타민, 미
네랄 등의 영양소 섭취 부족으로 두뇌의 활동이 원활하
지 않는 데에 있다. 또는 뇌에 필요한 영양소를 많이 섭
취하더라도 뇌의 모세혈관이 고지혈증, 혈전 등으로 협
소한 것이다. 그래서 영양공급이 잘되지 않는다. 올바른
음식을 먹을 때 뇌세포가 원활히 활성화될 수 있다.

영국의 버깃트 박사는 섬유질이 없는 백미, 흰 밀가
루, 육식, 화학조미료, 설탕 등을 먹으면 비만, 고혈압,
당뇨병, 심장병, 대장암, 두통, 담석, 불면증, 변비 등의
병이 생기게 된다고 했다. 또, 맛이 듬듬하여 소금, 매운
것을 많이 먹게 된다고 하였다.

◇ 백미식과 흰 밀가루 음식의 단점
1. 부족한 비타민, 미네랄, 섬유질 등의 영양소를 섭취
   하기 위해서 과식하게 된다.
2. 과식으로 위장에 있는 음식물을 소화시키기 위하여

체내의 모든 에너지가 소화시키는 데 집중되어 휴식과 수면을 많이 하게 된다.

3. 과식으로 심신이 늘 피곤하며 현대병의 원인이 된다.

4. 활성²현미의 씨눈과 겨에는 각종 영양소가 풍부하며 백미와 흰 밀에는 비타민, 미네랄, 섬유소 등의 영양소가 부족하다.

5. 두뇌의 모든 신경과 에너지도 소화시키는 데 집중된다. 그래서 두뇌 쓰는 것이 싫어진다.

6. 섬유질의 결핍으로 배변이 원활하지 못하다.

7. 백미와 흰 밀가루 음식에 부족한 영양소를 보충하려고 육식, 화학 조미료, 설탕 등 편식을 하게 되는 단점이 있다.

동양에서는 현미, 서양에서는 통밀가루가 오랜 세월 동안 인류의 주식이었다. 그러나 100여 년 전부터 현미가 백미로, 통밀가루가 흰 밀가루로 주식문화가 변질되었다 이때부터 인류 재앙이 시작되었다.

---

2. 활성: 물질이 에너지나 빛에 의하여 활동이 활발하여짐

현대인들은 백미를 현미로 흰 밀가루를 통곡물가루로 다시 되돌리는 것은 인류의 필연적인 과제다. 그러나 설문조사에 의하면 현미를 활성현미로 바꾸는 데는 3~5년 이상 먹어야 효과가 발생할 것으로 추정된다. 그래도 우리는 후손을 위하여 필연적으로 활성 현미로 바꾸어야 한다.

◇ 비타민의 효능

	분류	효능
1	비타민B1	부족하면 각기병과 소화불량, 피로, 머리가 나빠진다.
2	비타민B2	부족하면 성장이 멈추고, 구강염, 화염의 원인이 된다.
3	니코틴산	부족하면 피부병, 구내염, 폐염, 신경에 이상이 생긴다.
4	판토틴산	머리를 좋게 하며, 부족하면 피부병의 원인이 된다.
5	피오틴	부족은 피부염, 탈모, 보행곤란의 원인이 된다.
6	엽산	빈혈의 원인, 백혈구감소증, 악성종양의 치료에 사용된다.
7	비타민B6	당뇨병 피부병에 유효하며 배아 효모에 많다.
8	이노시톨	위장의 운동을 정사화 한다.
9	코린	부족 시 고혈압, 간경변이 되며 배아에 많이 함유.
10	P-아미노산	거담제가 되며 천식에 효과가 있다.
11	비타민K	부족 시 혈액응고를 늦춘다.
12	비타민E	부족 시 불임증, 남성 호르몬생성 부족해진다.
13	휘틴산	위장작용을 좋게 하며 독물배설 작용을 한다.
칼로리는 거의 차이가 없다는 점에 주의해야 한다.		

◇ 현미와 백미 영양 비교표

☆ 한국농촌진흥청 ※ 일본식품성표

기호	순번	영양소	현미	백미	비고
☆	1	단백질	7.2 g	6.5 g	
☆	2	지방	2.5 g	0.4 g	
☆	3	당질	76.8g	77.5 g	
☆	4	회분	1.2 g	0.5 g	
☆	5	섬유	1.3 g	0.4 g	
☆	6	칼슘	41 mg	24 mg	
☆	7	인	284 mg	147 mg	
☆	8	철	2.1 mg	0.4 mg	
※	9	마그네슘	120 mg	50 mg	
※	10	비타민1	0.54 mg	0.12 mg	
※	11	비타민2	65 mg	33 mg	
※	12	니코틴산	501 mg	1.5 mg	
※	13	판토텐산	1.2 mg	0.4 mg	
※	14	피오친	4 mg	2 mg	
※	15	엽산	15 mg	10 mg	
※	16	비타민B6	1.2 mg	0.5 mg	
※	17	이노시톨	120 mg	10 mg	
※	18	코린	110 mg	60 mg	
※	19	P아미노	32 mg	14 mg	
※	20	비타민K	10 mg	1 mg	
※	21	비타민E	1.0 mg	0.2 mg	
※	22	휘친산	240 mg	41 mg	

◇ 현미의 성분 효과

	영양소	영양성분 비교
1	단백질	백미에는 단백질이 적기 때문에 과식하게 된다.
2	지방	현미의 내피에 지방성분이 있어서 육식을 하지 않게 된다.
3	당분	비타민B가 충분하여 당분을 안 먹게 된다.
4	회분	근육을 긴장시킨다.
5	섬유	배변을 좋게 하는 작용을 한다.
6	칼슘	골격과 치아를 형성하고 혈맥정화에 필요하다.
7	인	골격과 세포형성에 중요한 역할을 한다.
8	철	빈혈을 예방하며 적혈구의 근원이 된다.
9	마그네슘	뼈와 치아 강화에 유용하다.

현미와 통밀의 성분과 효능을 과학이 밝혔는데도 아직까지도 백미와 흰 밀가루 음식을 계속 먹고 있다. 현미에는 각종 영양소가 풍부하다. 그래서 지금과 같은 질병이 없었다. 질병이라고 해야 변절기에 감기, 몸살 부항병[3]과 영양결핍으로 인한 폐병 등이 있었다.

현미에는 질병을 예방 및 치료하는 효과가 있다. 그래서 현미식을 했을 때는 건강한 체질을 유지하였다. 1940년경부터 백미로 도정하여 백미 밥을 먹기 시작한

---

3. 부항병: 못 먹어서 피부가 늙은 호박처럼 부풀어 오름

후부터 현대병이 만연하였다.

　백미식을 주식으로 한 후부터는 경제발전으로 음식문화도 발전하였다. 이에 고기, 생선, 계란, 치즈, 우유, 버터, 빵, 과자, 햄버거, 화학조미료, 설탕 등 헤아릴 수 없이 많은 음식이 쏟아져 나왔다. 그래서 생전에 보지도 듣지도 못한 질병들이 많이 발병되었다. 병원과 약국이 물밀듯이 쏟아진 것도 식생활이 복잡해지고 부절적한 음식을 먹었기 때문이다.

　현대인은 좋은 주택에서 맛있는 음식을 먹으며 편안한 생활을 하고 있다. 그러나 질병은 날이 갈수록 심해지고 있다. 앞으로는 비만과 질병으로 유아 때부터 틀니를 하고, 안경을 써야 할지도 모른다. 4~50세의 사람들이 당뇨약과 혈압약을 먹지 않는 사람이 몇이나 될까 하는 생각이 들기도 한다.

　현대병과 어린이들의 비만이 만연하게 된 것은 분명 원인과 예방책이 있을 것이다. 가정주부가 정성들여 만든 음식은 자손들의 건강으로 이어지는 것이다. 다시 말하면 인체에 필요한 영양소를 골고루 먹었을 때 신진대사가 원활히 이루어지면서 몸과 마음이 건강해진다.

고지방, 탄수화물, 단백질 등의 영양소를 과다 섭취하면 신체가 비대해지고 힘이 세어질 수는 있다. 그러나 비타민, 미네랄, 섬유소 등이 부족하여 질병에 대한 저항력이 떨어진다. 또, 두뇌에 필요한 영양소가 결핍되어 각종 성인병에 걸린다. 또는 생각이 모자라서 비정상적인 사람이 되어 성범죄자 아니면 폭력을 일삼거나 흥분을 잘하게 된다. 또, 화를 잘 내며 이기적인 사람이 된다.

그런가 하면 성년이 되어도 결혼할 생각을 하지 않고 독신 생활을 선호하게 된다. 결혼한 부부도 자녀 낳는 것을 꺼려하게 된다. 이 모든 것은 말할 것도 없이 식생활의 변화에서 오는 것이다.

또한 잘못된 식생활로 질병에 걸려서 수십 년을 고생하게 된다. 자신이 병에 걸려 가족들까지 고생을 시키는 것은 운이 나빠서가 아니다. 집터나 조상의 산소가 나빠서도 아니다. 오로지 지각 없이 맛에만 현혹되어 몸에 좋은 음식, 나쁜 음식 가릴 것 없이 맛만 있으면 배가 터지게 먹기 때문이다. 뿐만 아니라 담배, 술까지 즐기면서 환각에서 살다 보니 질병에서 헤어나지 못하고 죽게 되는 것이다. 이것이 본인 세대에서 끝나는 것이 아니고, 유전인자로 후손까지 영향이 있다는 것을 알아야 한다.

6.

음식과 현대병

내가 무슨 음식을 먹고 있는가를 생각하면 나의 미래가 그려진다. 사람들은 내가 먹는 음식이 내 몸에 좋은 것인지, 나쁜 것인지 생각하지 않고 맛이 있으면 제멋대로 먹는다고 한다. 남들이 먹으니까 따라서 먹고 또는 습관적으로 먹고 마신다. 그러다 보면 현대병이 나타나는 것이다. 겉으로는 쉽게 나타나지 않다가, 충격을 받거나 심리적으로 고통을 받을 때 표면화된다.

이제는 굶주려서 배를 채우려고 먹는 시대는 지나갔다. 또는 맛으로 먹는 시대도 지나갔다. 영양학적으로 건강을 위하여 먹는 시대가 온 것이다. 안전한 식품과 불안전한 식품을 선별하여서 먹어야 한다. 불안전한 식품인 백미, 흰 밀가루, 육식, 화학조미료, 설탕, 정제된 소금 등의 식품은 인류를 현혹시키는 원흉이다. 그래서 고혈압, 당뇨병, 뇌졸중 등의 현대병이 증가하고 있다.

이에 못지않게 더 심각한 것은 사람이 사람을 그리워 하는 생각이 없어지는 것이다. 그래서 혼자서 개인적으로 생활하게 되어 우울증, 치매, 마약중독증, 도박중독증, 컴퓨터중독에 빠지게 되는 것이다. 또한 젊은 세대들은 연애도, 결혼도, 명예도, 자식 낳는 것도 원하지 않는다. 부부의 인연을 맺었다 하여도 쉽게 헤어지고 있다.

또한 음식문화가 발전되면서부터 옛날에는 보지도 못 했던 건강식품이 쏟아지고 있는가 하면. 매일 먹는 음식이 인류를 문명시대로 진화시키기도 한다. 예를들면 레슬링, 씨름선수들은 선수가 되기 적합한 음식을 조상 때부터 먹었기 때문에 이루어진 것이며. 과학자나 정치가들은 그에 합당한 음식을 역시 조상 때부터 먹었기 때문에 유전자에 의해 이루어지게 된 것이다.

안전한 식품인 낟알, 채소, 과일 등을 먹으면 현대병에 걸리지 않으며 이성의 감성도 왕성하여 그리움이 발생하는 것이다.

옛날 노인들은 지푸라기 하나 집을 힘만 있어도 성교를 할 수 있다는 말이 있었다. 금세기 젊은 남성들은 세월이 가면 갈수록 비아그라(Viagra)를 복용해야 성교를 할 수 있을지 모른다.

원시인, 유목인, 에스키모인을 비롯하여 소, 말, 코끼리, 양, 범, 개, 염소, 고양이 등 모든 동물들은 발정기 때만 성교를 할 수 있다. 이것은 타고난 체질이 아니다. 매일 먹는 음식물에 관련이 있다. 그러나 인류는 하나님의 섭리로 씨 맺는 낟알(통곡물)을 먹게 되어 성욕, 문명, 애정 등 인류만이 가질 수 있는 특혜를 얻게 되었다.

육식, 초식 등을 먹는 동물들은 문명이 발전되지 못한다. 동물화되어 애정이 없이 따로 따로 생활하게 되어 부부의 인연도 맺을 수 없다. 성욕과 문명이 퇴화되었기 때문이다. 이러한 현실은 백미식과 흰 밀가루 음식을 제일 먼저 먹기 시작한 미국, 호주, 캐나다, 일본, 유럽 등의 나라에서 살펴보면 알 수 있다.

1. 결혼을 하지 않고 독신생활하는 사람이 많아지고 있다.

2. 애정이 없어서 공동생활을 피하고 따로 따로 혼자 사는 사람이 많아지고 있다.

3. 젊은 세대들이 직장 구할 생각은 하지 않고 부모에 얹혀 살다가 부모가 돌아가시면 재산이 있는데 왜 어렵게 일하느냐며 오락, 여행 등을 하면서 세월을 보낸다.

이러한 현실은 당대 또는 후손에게까지 재앙이 나타나고 있다. 이는 장기적으로 보면 인류가 동물화되어 가고 있는 것이라 추측할 수 있다.

인류가 결혼하여 훌륭한 어린이들을 낳으려는 것을 살펴보려면 조상들은 무슨 음식을 먹고 살았는가를 보면 된다. 이 점에 비추어 '나는 무슨 음식을 먹으며 살 것인가? 또, 후손을 위하여 무슨 음식을 먹으라고 할 것인가'를 생각해야 한다.

선조들이 낟알, 채소, 과일 등을 주식으로 하였을 때는 당뇨병, 고혈압, 뇌졸중, 비만환자 등의 현대병이 없었다. 1900년 후부터 현대병은 물론 이름 모를 질병까지 만연되어 건강에 늘 불안을 느끼고 있다.

환경과 음식은
체질을 변화시킨다

호화로운 저택에서 세련된 의상과 기름진 음식을 배불리 먹으면서 풍요로운 생활을 하는 사람들도 욕망은 끝이 없다. 사는 것이 스릴 없다 하여 마약, 술주정으로 환각하려는 중생들이다.

1. 연애, 결혼, 명예, 주택, 직장도 다 싫다는 5포기 중생!
2. 뱀, 해구신, 개신, 사슴피 등이 정력에 좋다고 먹어대는 중생!
3. 백미, 흰 밀가루, 화학조미료 등을 먹으며 문화병을 앓는 중생!
4. 힘 안 들이고 거부가 되려다 가산을 탕진하는 중생!
이 모든 고난이 그 누구의 잘 잘못하는 시대의 흐름보다는 음식물의 역할인 것이다.

윗물이 맑아야 아랫물도 맑다는 말이 있듯이 기성세대가 정의로워야 어린이들도 정의로울 것이다. 학생들이 학교에서 폭력을 행사하고 따돌림을 하고 있다. 학생이 선생님까지 구타하는 것은 누구의 잘못이라고 생각해야 하겠는가?

법정에서 원고와 피고가 서로 말다툼을 하는 것은 누구 하나는 분명 거짓이라 생각된다. 그러나 이 모두가 최고학부를 졸업하고 사회의 모범이 되어야 할 사람들이다. 자기에게 도움이 될 만한 일에는 법도 정의감도 없이 마구 걷어 들이는 것이 현실화되고 있다. 이런 부적절한 짓을 하는 사람들은 조상의 산소를 잘못 써서도 아니고 집터가 좋지 않아서도 아니다. 그렇다고 교육을 받지 못하여서도 아니다. 생활고로 생활할 수가 없어서도 아니다.

모든 부정부패 등의 악법을 부끄럼 없이 저질러 놓고 후손들이 정의로운 사람이 되기를 바라는 것은 마치 불 지피지 않은 굴뚝에 연기 나기를 바라는 것과 다름없다.

영국의 식생활개선가인 '아나카밍' 박사와 'FR인즈' 박사는 형무소에 수감되어 있는 비행 청소년들에게 통밀빵과 정제되지 않은 귀리죽과 야채샐러드 등을 먹게 하여 임상실험을 했다. 그 결과, 비행청소년들이 순진하여지고 사고방식도 건전해졌다.

1945년 세계 2차 대전이 끝났다. 이때 싱가포르 포로수용소에 갇혀 있던 1만 5천 명의 영국군인 포로가 영국으로 귀국했다. 그 후, 원인 모를 병으로 하루종일 몸이 피로하고, 식욕이 없었다. 심지어 다리가 저리고 아파서 보행조차 잘하지 못했다. 또, 조금만 걸어도 숨이 차는 등 몸 전체에 이상한 증세가 나타났다.

마침내 영국 국회에서 전문가들로 구성된 특별조사단이 조사에 착수했다. 원인은 영국 포로들에게 주로 흰밀가루 빵을 급식했던 것이었다. 이로 인하여 비타민 B의 부족에 의한 만성중독증이였음을 밝혀내었다.
이 보고서를 접수한 영국국회에서는 이 사실을 참고하여 영국국민들에게 '껍질을 완전히 벗겨버린 흰 밀가루'를 만들지 못하도록 법을 개정하여 시행하고 있다.

『기적을 낳는 현미』의 저자 정사영 박사의 실험에서는 한 그룹의 쥐에는 백미만 먹이고, 다른 그룹의 쥐에는 현미만 먹여서 사육했다. 그 결과 백미만 먹인 쥐는 계속 체중이 줄면서 서로 물고 뜯어가면서 싸움을 계속하다가 한 달이 못 되어 다 죽었다. 현미만 먹인 쥐는 체중이 증가하면서 오래 살았다. 이것은 분명히 뇌 신경에 이상이 발생했기 때문이다.

2008년경 서울에서는 광우병 때문에 수십만의 인파가 모여 촛불집회를 하여 전 세계가 떠들썩하였다. 무슨 종말이라도 온 것처럼 불안한 생각까지 들었다. 이북에서 귀순한 황장엽 씨는 촛불 집회하는 것을 보고 이북보다 남한이 더 문제라고까지 표현하였다. 또, 미국 국민들은 다 광우병에 걸렸느냐고 반문하기도 하였었다.

광우병은 소 자체에서 발생하였거나 환경에서 온 병이 아니다. 사람들의 무지로 발병된 것이다. 사람이나 가축이 수천 년, 수만 년을 주식으로 섭취하던 먹거리가 타의든 자의든 갑자기 변경되면 상상하지 못했던 부작용이 발생된 것이 광우병의 그 예이다.

광우병은 영국에서 제일 먼저 발생했다. 초식동물인 소에게 사람이 식용으로 사용할 수 없는 늙은 젖소와 늙은 닭 등의 폐가축을 사료로 준 것이다. 이를 건조·분쇄한 후 소의 배합사료에 혼합하여 사료로 제조한 것이다. 이는 영양학적으로는 매우 고칼로리이다. 그러나 수만 년을 식물성 사료만 먹던 소에게 동물의 고기를 먹여서 광우병이 발생하게 된 것이다. 그래서 인간까지 공포에 시달리게 된 것이다.

인류도 낟알과 채소를 주식으로 하였을 때는 두뇌가 명석하고, 성욕이 왕성하였다. 그러나, 1970년 후부터 동물성식품이 만연하였다. 그때부터 각종 문화병이 발생되고 있다. 또, 부정부패, 비리, 탈세, 패륜아, 가정폭력, 아동학대, 살인, 이혼, 절도, 도박 등의 부정한 행위가 폭발하고 있다. 이것은 교육이 잘못된 것이 아니고 음식이 잘못된 것에 대한 원인이 있다.

세계 3대 장수촌인 훈자왕국, 구소련의 코카서스 지방, 남미의 빌카밤바 지방 등에서는 동물성식품은 극히 소량으로 섭취하고 주로 식물성식품을 먹고 있다. 이 사람들은 각종 질병과 부정부패가 없으며 국민들은 선량하고 열심히 일을 하면서 장수하고 있다.

한국도 1940년까지만 해도 정제(精製)되지 않은 현미, 통밀가루, 과일, 채소가 주식이었을 때는 질병이 거의 없었다. 1970년경부터 경제가 발전하면서 백미, 흰 밀가루, 육식, 화학조미료 등을 먹기 시작하였을 때부터 각종 질병과 부정부패가 증가했다.

그러나 낱알(곡식)을 주식으로 하였을 때는 현대 질병도 없었으며, 애정(愛情)이 풍부하였었다. 이는 현미, 통밀, 콩류, 보리 등의 곡식씨앗에 포함되어 있는 무기질 영양소인 망간(Mn)이 부족하기 때문에 애정이 없는 것이다.

옛날에는 부모가 사망하면 슬퍼하고 애통하였다. 그러나, 20세기에 들어오면서부터 현미가 백미로, 통밀가루가 흰 밀가루로 변질되었을 때부터 원시인, 에스키모인과 동물들처럼 부모형제나 부부가 사망하여도 슬퍼하면서 애통하는 것이 점점 사라져가고 있다.

▶ 시묘살이

옛날 양가(良家)에서는 부모가 돌아가시면 무덤 옆에 작은 집을 지어놓고 3년간 무덤을 지키면서 통곡하였다. 또, 부인이 집에서 밥을 가지고 오면 무덤 앞에 올려놓았다가 상주가 먹는다는 시묘살이[4]하는 풍습이 있었다.

어느 날 상주는 부인이 보고 싶어서 밤에 아무도 모르게 집에 있는 부인에게 갔다. 부인은 어제도 오더니 오늘 또 왔느냐고 해서 어젯밤에 다른 남자가 왔던 것이 탄로 났었다.

이제는 부모형제, 부부가 사망하였을 때 슬퍼하고 애

---

4. 시묘살이: 부모 상중에 3년간 무덤 옆에 움막을 짓고 묘소를 지킴

통하였던 풍습 등의 예절이 점점 사라지고 있다. 금세기에는 부모형제, 부부가 사망하여도 애통하고 슬퍼하는 것보다는 오히려 장난치고 시시덕거리면서 장례를 치른다. 이것을 보면 초상집에 문상하러 왔는지, 축하하러 왔는지 분별하기 어려울 정도이다.

요즘은 늙고 병들면 가정에서 가족들이 간병하지 않는다. 요양병원에 가서 간호사에게 요양을 받게 된다. 즉, 가족들과 떨어져서 생활한다. 이것은 한편으로 보면 징역을 사는 것 같을지도 모른다. 요양병원에서 근무하는 어느 의사는 이렇게 말한다. "늙고 병들어 정신이 희미해지면 자식들과 대화가 단절되면서 자식들에게 떠밀려 요양병원에서 마지막 생을 보내게 된다."

요양병원에 면회 온 사람들의 행동을 보면 촌수가 딱 나온다고 한다. 침대 옆에서 바싹 붙어서 눈물, 콧물 흘리면서 이것저것 챙기는 여자는 딸이다. 그 옆에 멀죽하게 서 있는 남자는 사위이다. 침대 모서리에 걸터앉아 딸이 사다놓은 음료수를 까서 먹는 사내는 아들이다. 복도에서 휴대폰 만지작거리는 여자는 며느리라고 한다.

자식 곁을 떠나 요양병원에서 숨지게 되면 자식들은 슬퍼서 통곡하는 것은 사라지고, 혹시 자기에게 돌아오는 재산은 없는가 하는 생각을 하는 것이다.

부모형제가 사망했을 때 슬퍼하며 통곡하던 것이 아득한 옛날 추억으로 되어가고 있다. 이것은 경제적인 문제나 시대의 흐름보다는 음식문화가 변질된 후부터다. 원시인, 에스키모인과 짐승들처럼 애정(哀情)이 퇴화되어 슬픈 것을 모르기 때문이다.

아들, 딸, 며느리, 손자들도 슬퍼하는 마음 없이 이기적이다. 자기들에게 이익이 되는 일에는 조금 슬퍼한다. 그러나 자기에게 꼭 필요한 사람이 아니면 그리움도 없고, 슬퍼하지도 않는다.

8.

환자를 음식으로 치료한다

음식은 활동할 수 있는 힘과 병균의 저항과 치료를 하기 위해서 먹는 것이다. 인류가 먹어야 할 음식을 먹었을 때 병균에 대한 저항과 치료가 가능하다.

대구의료원 신경외과 과장 황성수 박사는 식이요법으로 고혈압, 당뇨병환자를 치료하고 있다. 환자가 병원에 입원하면 10~20년 된 고혈압, 당뇨환자들의 약은 모두 쓰레기통에 버리게 한다. 그 후, 고기, 생선, 우유, 설탕, 커피 등을 먹지 못하게 중지시킨다. 오르지 현미식과 채소, 과일만 먹게 한다. 이렇게 고혈압, 당뇨병, 뇌혈관병 등 많은 환자를 치료하는 방법이 여러 번 TV에 방영된 바 있다.

환자들은 혈압약과 당뇨약을 먹지 않고 현미밥과 과

일, 채소만 먹는 식이요법으로 치료를 했다. 그랬더니 혈압이 정상으로 되어 불편 없는 생활을 할 수 있게 되었다.

　일본 모리시타 게이찌 의학박사도 약을 사용하지 않고 채식건강법으로 병을 치료하고 있다. 그는 암 환자들을 포함한 불치병을 앓고 있는 환자에게 약 대신 음식으로 처방을 내리는 의사로 유명하다.

　옛날 현미밥과 과일, 채소가 주식일 때는 고혈압환자, 당뇨환자, 각종 암 환자는 거의 발생하지 않았다. 급살이라 하여 화장실에서 뇌출혈로 죽는 경우와 소갈증이라는 당뇨병 환자가 간혹 있었을 뿐이다. 죽을 때 고통이 심하였던 암 환자는 극히 보기 드문 병이었다.

　그러나 20세기부터 흰 밀가루, 백미, 육식을 먹으면서부터 각종 질병이 만연하여지기 시작했다.

　현미와 통밀은 미강(쌀겨)의 섬유질을 함유하고 있다. 그래서 체내의 과잉 지방질을 흡착하여 배설하는 역할을 한다. 현미식을 장기적으로 먹으면 고혈압과 당뇨병의 예방과 치료가 가능하다.

지금까지 모든 의사들은 혈압이 높고 당이 많으면 당연히 혈압 약과 당뇨 약을 먹으라고 처방을 내렸다. 이는 약이 아니면 못 고친다는 것으로 알고 있기 때문이다. 그러나 대구의료원 황 박사는 약을 복용시키지 않고 현미식, 과일 채식으로 환자들을 치료하고 있다.

조선시대 궁중 비사秘史[5]

　조선시대 궁중에서 왕비와 왕의 모친 등이 발병되었을 때, 전의는 환자의 몸에 손을 대지 못하고 명주실을 환자 손목에 걸고 문 밖에서 진맥을 한 것은 혹시나 환자가 성적인 충동이 있을까? 염려하였기 때문이었다. 그처럼 왕비나 왕의 모친이 성욕이 왕성하였던 것은 낟알과 채소 과일을 주식으로 하였기 때문일 것이다.

　또한 조선시대 나이 어린 왕에는 단종, 성종, 명종, 순조, 헌종, 고종 등 11세 미만의 왕 6명이 있었다. 나이가 어린 왕이 국사를 논의할 수 없었다. 그래서 왕의 모친이나 조모가 대신들 앞에서 국사를 논했다. 그때 칸막이로 발을 쳐 놓은 것은 왕의 모친이나 조모도 성감이 왕

---

5. 비사: 세상에 드러나지 아니한 역사

성하여 신하들에게 성감을 받지 않으려고 발을 쳐 놓고
정사를 논했던 것이다.

▶ 왕의 조모와 모친이 정사를 하는 장면

　궁궐에 종사하는 1천여 명의 남녀는 남녀유별이라는
궁중법도가 있었다. 그러나 남녀의 왕성한 성욕을 어법
으로도 다스릴 수가 없었다.

　궁녀로 채택되어 궁궐에 들어가면 1년에 1~2번씩 집
에 휴가도 갔었다. 그러나 궁녀들이 집에 가서 바람을
피우고 임신을 하고 들어오는 경우가 있었다.

　그래서 아예 휴가 제도가 없었으니, 한 번 들어가면 죽
어서야 나온다는 것이 궁녀들이다.

　궁녀들은 궁궐에서 평생을 지내다 보니 남성들이 그리

웠다. 그래서 궁궐에 종사하는 종들과 사랑을 하게 되는 일이 있었다. 이때 궁녀들이 임신을 하는 경우가 있었다. 그래서 궁궐에서 종사하는 종들의 불알(성기)을 까서 내시로 만들었던 곳이 여의도 쪽에 있는 조그만 건물에서 종들의 불알을 까서 내시로 만들었던 곳이다. 진통제가 없었던 시대였으므로 종들이 고함지르는 것을 외부에서 못 듣게 하려고 천둥 치고 바람 부는 날을 잡아서 내시로 만들었다.

남성들은 배고픔을 참지 못하여 차라리 내시가 되어 밥이나 실컷 먹어보려고 내시가 되었다. 궁녀들은 성감을 참지 못하여 저녁에 다른 궁녀들의 발꿈치로 음부를 비비기도 하였다는 일화가 있다. 그래서 남자는 내시를 만들고 궁녀는 한번 들어가면 죽어서나 나온다는 외출 금지령을 내렸다. 이것은 남녀 모두가 현미와 통밀을 주식으로 하여 성욕이 왕성했기 때문이다.

제3장
곡식

쌀, 밀, 보리, 귀리, 콩, 옥수수, 팥, 조, 수수, 녹두, 율무 등의 곡식에는 탄수화물, 단백질, 지방, 비타민, 미네랄, 섬유소 등이 있다. 이 영양소들은 짜임새 있게 골고루 갖추어져 있다. 그래서 체온을 유지하면서 힘을 발산하여 각종 질병을 예방하고 치료를 한다는 것까지만 현대 과학은 발표하고 있다.

그러나 곡식의 배아(씨눈)를 먹게 되면 다음과 같은 효과가 있는 것을 현대 과학자들은 아직까지 밝혀내지 못하고 있다. 즉, 씨눈을 먹게 되면 성욕이 왕성하여 자식을 많이 낳게 되며, 두뇌가 명석하여 문명이 발전되고, 부모형제가 사망하였을 때 슬퍼하고 애통하게 되는 것이다. 즉, 씨눈에는 이런 물질이 있기에 하나님께서 씨 맺는 낱알과 과일을 먹으라고하는 것이다.

1.

낟알(통곡물)과 건강

하나님이 인류를 창조하신 후 수백만 년이 지나도록 낟알과 과일을 양식으로 하지 못했다. BC1만 년(구석기) 전까지 동굴이나 바위 틈에서 생활하였으며 여러 사람이 떼(무리)로 돌아다니면서 주먹도끼 돌팔매 몽둥이 등을 사용하여 작은 짐승과 조개, 물고기, 나무열매, 풀뿌리 등을 양식으로 하였다.

1만 년(신석기) 후부터 토끼, 여우, 멧돼지 등을 활, 창으로 사냥했으며 또한 물고기, 조개, 나무열매를 주식으로 하였다. 벼, 보리, 밀 등은 비, 눈 등으로 날씨가 좋지 못할 때 갈판에 곡식을 놓고 갈돌로 비벼서 왕겨를 벗긴 것을 간식으로 조금씩 먹었다.

이때부터 두뇌가 명석해졌다. 그래서 돌괭이, 돌삽,

돌보습, 돌낫 등으로 농사를 짓기 시작하였으며 남녀가 이성을 알게 되어 옷을 입고 움집에서 생활하였으며 농경과 목축으로 식생활의 변화가 시작하여 문명의 발전으로 이어졌다.

그러다 1900년부터 주식으로 하였던 현미와 통밀의 미강과 씨눈에는 각종 비타민과 미네랄, 섬유질, 필수 지방산 등의 면역물질이 들어 있다. 미강에 29%, 씨눈에 66%가 들어있는 영양소를 모두 제거하고 영양 불균형에 이르게 된 것이 백미, 흰 밀가루이다. 즉, 백미 밥과 흰 밀가루 음식을 먹으므로 질병에 대한 저항력이 약해지는 것이다.

◇ 씨앗 속에는 다음과 같은 영양소가 있다

성욕: 현미, 통밀, 조, 수수, 콩, 팥, 기장 등의 씨앗 속에는 성호르몬의 모체인 비타민E와 B가 풍부하다.

문명: 씨앗에는 두뇌가 발전하는 인자가 있어 명석해진다.

애정: 일본 야스오카 박사는 "곡물 씨앗 속에 있는 망

간(m.n)의 미네랄이 부족하면 애정(哀情)을 느끼지 못하여 이별하거나 사망하였을 때 슬픈 것을 못 느끼게 된다"고 말한다.

고혈압: 현미와 통밀 등의 씨앗에는 고혈압 치료제, 비타민 등을 함유하고 있다.

당뇨병: 현미, 통밀에는 비타민6와 B2가 충분하여 당뇨병을 예방하고 치료한다.

현미와 통밀에는 많은 영양소가 있는데도 불구하고 현세대에 이르러 육식, 생선, 라면, 우유, 버터, 치즈, 아이스크림, 피자 햄버거 등 헤아릴 수 없이 많은 음식이 개발되었다. 결국 많은 질병이 생겼고, 종합병원, 개인병원, 한방병원 등에 환자들이 늘어나고 있다. 이는 올바른 음식문화가 정착되지 못했기 때문이다.

다시 말하여서 낟알, 과일, 채소 등을 먹지 않고 육식, 생선, 화학조미료 등을 먹기 때문이다. 또, 맛에 따라 먹음으로써 질병에서 헤어나지 못하고 있는 것이다.

옛날 현미를 먹던 스님들은 육식을 안 먹어도 건강하였다. 그러나 현대인들은 백미식을 했을 때부터 병이 많아졌다. 선조들은 현미밥에 된장찌개, 김치, 깨소금으로 식사를 하였을 때는 병이 없었다. 그러나 현미가 백미로, 통밀이 흰 밀가루로 변질된 후부터 저출산과 문명이 퇴화되었다. 또, 전에 없던 각종 질병이 만연하기 시작했다.

세계 3대 장수촌에서는 병원, 약국이 없어도 장수하는 것은 오르지 육식을 적게 먹고, 곡식과 채소, 과일을 주식으로 하기 때문이다. 그래서 혈관에 혈전이 생기지 않고 혈류가 정상적이기 때문에 뇌출혈, 뇌졸중 등이 없어서 장수하게 되는 것이다.

현미, 통밀이 건강에 유익하고, 백미, 흰 밀가루는 현대병 등 모든 질병의 원인이 된다는 것을 많은 학자들이 논문, 서적, 실험 등으로 과학적 입증을 했다. 그럼에도 불구하고 백미식과 흰 밀가루 음식에 맛들여 놓은 것을 변화시키기에는 쉽지 않다. 아마도 더 많은 시련을 겪은 후에야 정신차리고 낟알의 음식문화가 변하게 될 것이다.

인류는 도정기를 만들어 현미를 백미로, 통밀가루를 흰 밀가루로 변질하게 된 엄청난 과오를 저지른 것이다.

그러나 아직까지 그 과오를 모르고 있으니 언제 올바른 식생활로 개선될지, 요원하다는 생각이 된다.

◇ 현미와 백미의 성분비교와 예방효능(100g/g.mg)

효능 영양소	현미	백미	예방 및 효능
단백질	7.2g	6.5g	백미는 단백질이 적어서 많이 먹게 된다.
지방	2.5g	0.4g	지방이 적어서 고기가 먹고 싶어진다.
탄수화물	76.8g	77.5g	비타민B로 완전 당화로 당분이 불필요하다.
회분	1.2g	0.5g	근육을 긴장시킨다.
섬유	1.3g	0.4g	배변이 잘되게 하는 작용을 한다.
칼슘	41mg	24mg	골격이나 지방의 형성을 돕는다.
인	284mg	147mg	뇌신경에 필요하며 머리를 좋게 한다.
철	2.1mg	0.4mg	빈혈을 방지한다.
마그네슘	120mg	50mg	뼈와 치아를 튼튼하게 한다.
비타민B1	0.5mg	0.12mg	부족 시 각기병과 소화불량, 피로가 생긴다.
비타민B2	65mg	33mg	부족하면 성장의 장애가 된다.
니코틴산	5.1mg	1.5mg	부족 시 피부병 구내염 폐렴 설사가 생긴다.
판토텐산	1.2mg	0.4mg	머리를 좋게 하고 부족하면 피부염의 원인이 된다.
피오친	4mg	2mg	부족 시 피부염 탈모, 보행곤란의 원인이 된다.
연산	15mg	10mg	빈혈, 백혈구감소가 될 수 있다.
비타민B6	1.2mg	0.5mg	산독증의 치료에 사용된다.
이노시톨	120mg	10mg	위장운동을 정상화한다.

코린	110mg	60mg	부족 시 간장이 굳어져서 크거나 좁아질 가능성이 있다.
P-아미노	32mg	14mg	거담효과와 천식효과에 좋다.
비타민K	10mg	1mg	부족 시 혈액응고가 더디다.
비타민E	1.0mg	0.2mg	부족 시 불임증 정력부족이 된다.
휘친산	240mg	41mg	독극물의 해독 및 배설 작용을 한다.

◇ **음식문화가 개선되어야 할 이유는**

1. 현미를 백미로, 통밀을 흰밀로 도정하는 정미기계가 개발되었다. 그 후부터 문명이 퇴화되고 성문화가 퇴화되고 애정이 퇴화되었으며 이름 모를 질병까지 만연하고 있다.

2. DDT와 BHC 등의 살충제와 제초제 등이 발명되어 지구에서 인간뿐만 아니라 모든 생명체가 위협을 받고 있다.

3. 화학조미료는 두뇌 활동을 저하시킨다고 일본 자연의학회 회장 '모리스타' 박사는 강조하였다. 영국에서도 임신부는 화학조미료 섭취를 금지 시키는 법조항이 있다. 정신장애자를 낳는 산모들의 공통점은 임신하였을 때 화학조미료를 많이 섭취하였다는 것이다.

낟알(통곡물)과 인류

낟알(현미 통밀)은 하나님이 인류에게 주신 가장 이상적인 식품이다. 그런데 인류는 하나님의 뜻을 따르지 못했다. 수백만 년이 지나도록 낟알(곡식)을 주식으로 하지 못했다. 그러다 BC1만 년(신석기) 후부터 낟알을 먹기 시작하였으며 두뇌가 발달되어 생활도구와 무기를 사용할 수 있었다. BC 4세기경부터는 성욕이 왕성하여 자식을 많이 낳고 문명이 발전할 수 있었다. 그러나 인류의 잘못된 지혜로 20세기(1900년)경부터 현미를 백미로, 통밀을 흰 밀가루로 가공하여 먹게 되면서 인류의 재앙이 시작되었다.

◇ 낟알(현미 통밀)을 주식으로 하지 못했을 때의 인류
1. 전에 없던 현대병 및 각종 질병이 만연하게 된다.
2. 곡식의 씨눈은 발아가 되면 본연의 종족번식을 하

게 된다. 발아되기 전에 인류가 먹었을 때는 종족을 번식시키는 인자가 있어서 출산을 하게 된다.

3. 젊은 세대가 결혼을 기피하고 있는 것을 현대의학에서는 증명하지 못하고 있지만 현실적으로는 증명되고 있다.

4. 각종 영양소가 골고루 함유된 곡식을 하루에 체중의 5% 정도만 먹어도 수명이 길고 두뇌도 명석하고 성욕도 왕성하게 된다.

다시 말하지만 BC 400년(철기시대)경부터 금세기까지 인류문명이 엄청나게 발달되고 성욕이 왕성하게 된 것은 이유가 있다. 이는 말할 것도 없이 동양에서는 씨 맺는 현미와 서양에서는 씨 맺는 통밀을 주식으로 하였기 때문이다.

현미와 통밀을 먹기 시작할 때부터 인류의 두뇌가 명석하면서 성욕이 왕성하여 인구가 엄청나게 증가하게 되었다. 이에 대해 『성경』 창세기 1장 28절에서는 다음과 같이 말하고 있다. "자식을 낳고 번성하여 온 땅에 퍼져서 땅을 정복하여라. 바다의 고기와 공중의 새와 땅 위를 돌아다니는 모든 짐승을 부려라!"

이처럼 하느님은 씨 맺는 낟알을 인류가 양식으로 먹도록 해주었다. 그래서 두뇌가 명석하고 성욕이 왕성하여 인구가 증가되고 있는 것이다.

현미식과 통밀빵이 건강에 유익하다는 것은 천하가 다 아는 사실이다. 그러나 아무리 현미식과 통밀빵을 먹으려 하여도 80번 이상 씹어야 하고 현미와 통밀빵의 피막이 강질이어서 씹기가 불편하고 껄끄러워서 도저히 먹을 수 없다는 사람이 대다수다.

그러나 1900년(20세기)경부터 정미기계가 개발되어 백미 밥이 부드러워서 씹지 않고 빨리 먹는 것이 습관이 되었다. 서양에서도 빵이 부드러우니까 빨리 먹는 것이 습관이 되었다. 이것은 인류의 식생활에는 대혁명으로 생각되었다. 그러나 빨리 먹는 습관은 결과적으로는 인류의 재앙이 되었다.

하나님이 주신 낟알의 씨앗을 먹게 되면 성욕이 왕성하게 된다. 그래서 조상들은 자식을 많이 낳았다. 이것은 인류만이 씨앗의 물질을 먹게 하는 하나님의 섭리인 것이다.

BC1만 년(신석기시대) 후에는 야생 벼, 밀, 보리, 조 등을 채집하여 모래알처럼 바싹 건조한 후 널적한 갈판에 놓고 주먹 같은 갈돌로 찧었다. 그러면 가루(분쇄)가 되지 않고 왕겨만 벗겨진 쌀로 밥하여 먹기 시작하였다.

농경시대에서는 절구, 디딜방아 등으로 벼, 밀, 보리 등을 도정하였다. 이때 건조된 곡식을 절구, 디딜방아 등으로 찧으면 왕겨만 벗겨지면서 낟알에 균열이 생성되어 소화가 잘되었다.

▶ 갈판/갈돌

▶ 절구

▶ 디딜방아

그러나 지금의 정미소에서는 벼의 함수율이 15~16% 정도 되는 벼를 현미기계의 고무롤러(Roller)로 왕겨만 탈각시켰다. 그래서 표면이 반들반들한 현미밥은 80번 이상 씹지 않으면 소화가 잘 되지 않는다.

▶ 연자방아

▶ 물레방아

옛날에는 절구, 디딜방아, 연자방아, 물레방아로 벼를 도정할 때 수분 측정기가 없었다. 그래서 벼를 이빨로 깨물어서 탁 소리가 났을 때 도정을 하여야 쌀이 가루가 되지 않기 때문이다. 벼의 함수율을 8~10%로 건조해서 도정하면 왕겨만 벗겨진다. 또, 미강(쌀겨)과 씨눈(배아)이 배유층(현미층)에 붙어 있게 된다.

현미식이 좋다고 백미 밥 먹듯 식사를 하면 안 된다. 백미 밥은 부드러워서 위장에서 소화를 잘 시킬 수 있다. 그러나 현미밥은 강질의 현미 피막으로 소화를 못시킨다. 위장에서는 취식한 음식물이 위장으로 유입되면 1~2시간 내에 소화시켜서 소장으로 내려 보내야 한다. 그렇게 하지 못하면 위장에서는 음식물이 부패하여 독소와 가스 등으로 배탈이 생기게 될 수도 있다.

현미를 먹으면 여러 가지로 건강에 유익한 줄 안다. 그러나 식사할 때 껄끄럽다. 또, 잘 씹지 않으면 소화가 안 된다. 그래서 부드러운 백미식으로 식사를 하게 된다.

필자는 1981년부터 오늘에 이르기까지 40여 년간 연구개발을 하였다. 그래서 현미 피막(겨)을 연화하는 방법으로서 현미쌀겨층을 고농도압력(high concentraition pressure)을 가하여 연화(softening)시켜서 부드러우면서 소화가 잘되는 현미를 개발하였다.

쥐에게 일반 현미밥과 백미밥을 먹이고 2~3시간 후에 위장을 해부하면 현미밥은 그대로 있었으나 백미밥은 소화가 되는 걸 알 수 있다. 3~4살 된 어린아이에게 백미밥을 먹이면 소화가 된다. 그러나 현미밥은 소화가 되지 않고 그냥 배설되는 것을 확인할 수 있다.

현미의 효능

현미와 통밀에는 비타민, 무기질, 섬유소 등 각종 영양소가 고루 함유되어 있다. 그래서 소식을 해도 신체에 필요한 영양소가 충분하다. 또, 현미의 섬유소(미강)는 수분을 흡수하면 부피가 커지는 고유한 특성으로 포만감이 있어 늘 배가 부른 것 같이 느껴진다. 그래서 현미식을 하게 되면 적게 먹어도 건강에 좋다.

현미는 영양소가 높고 성인병에 유익하다는 것을 누구나 잘 알고 있는 사실이지만 현미식을 못 하는 이유는 크게 세 가지로 볼 수 있다.

1. 현미는 조직이 단단하고 치밀하고 질긴 피막으로 된 미강층의 과피와 종피가 배유층을 둘러싸고 있다. 그래서 수분의 침투시간이 오래 소요되고 견고하다. 그래서 별도의 압력밥솥 등으로 조리하여야

하는 불편이 있다.

2. 식사 할 때 쌀겨층의 피막(종피, 과피)이 단단하여 80
   번 이상 씹어야 하기 때문이다.
3. 잘 씹히지 않은 현미밥은 소화흡수율이 떨어진다.

현미식은 각종 영양소가 골고루 갖추어져 있다. 그래
서 1900년 이전에는 서민들이 현미식을 할 때는 별다른
반찬 없이 김치, 된장, 깨소금 등의 간소한 반찬으로 식
사를 하였다. 그래도 현대병이라고 하는 고혈압, 당뇨
병, 뇌졸중, 동맥경화, 비만 등의 병이 극히 드물었다.
그래서 이 병들을 당시에는 희귀병이라 하였다.

필자의 고향 충남 당진시에서는 1940년도까지는 병·
의원이나 약국 없이 한약방만 2~3군데가 있었다. 물론
치료받지 못하여 사망하는 환자도 있었을 것이다. 그러
나 환자들이 많지 않은 것은 장수마을인 훈자왕국처럼
식품과 관련성이 있는 것으로 생각된다.

훈자왕국에서는 밀과 보리를 맷돌로 갈아서 빵과 죽을
쑤어 먹고 있다. 또, 감자, 살구, 복숭아, 고구마 등을 먹
고 있다. 이곳에는 병원과 약국은 없다고 한다. 우리 선

조들도 현미식을 했을 때는 제일 많은 환자가 폐병과 어린이들의 폐렴, 환절기의 돌림병, 감기, 몸살, 소화불량 등이었다고 한다.

그러나 현대에는 경제적으로 부유하여 고기, 생선, 우유, 치즈, 햄버거, 피자, 과자, 소시지 등의 가공식품이 헤아릴 수 없이 나오고 있다. 그에 못지않게 병원도 많아지고 있다. 미래를 생각하지 못하고 맛을 위주로 먹어서 현대병이 만연하게 된 것이다.

금세기에 들어와서 백미, 흰 밀가루, 흰 설탕, 화학조미료, 정제된 소금 등을 5백사(五白死)라고 한다. 과일, 채소 등을 곁들이지 않고 5백사로 식사하게 되면, 6개월 후부터 몸이 쇠약해지면서 병에 대한 저항력이 약해진다. 그래서 어떤 병이든 발병하게 되어 1년 이상 살 수 없다하여 5백사라 한다. 다행히도 5백사 식품을 먹어도 과일과 채소를 곁들여 먹기 때문에 현대병이 다소 감소는 되지만 늘 질병에 시달리게 된다.

◇ 현미가 백미보다 좋은 점

1. 현미가 암을 예방할 수 있는 것은 단순한 추측이 아니다. 현미에는 의학적으로 볼 때 항암물질이 포함

되어 있다.

2. 현미의 배아에 함유되어 있는 비타민E가 혈관확장을 하여 혈액순환을 촉진시키는 작용을 한다.

3. 현미의 전분질에는 각종 영양소가 풍부하여 질병을 예방하고 두뇌를 명석하게 한다.

4. 현미의 전분질과 쌀겨층은 혈액을 정화하여 수명을 연장한다.

5. 백미를 주식으로 하면 결핍된 영양소를 보충하려는 습성으로 인해 과식하거나 부식을 많이 먹게 되어 뚱뚱해진다.

6. 백미는 과식하여도 늘 허기증을 느낀다. 또, 늘 피곤하다. 나아가 각종 질병에 대한 저항력이 부족해진다. 그래서 각종 성인병에 걸리기 쉽다.

7. 현미를 잘 씹어 먹으면 침의 분비가 활발하여 소화효소 작용이 촉진된다.

8. 현미의 섬유소는 쾌변과 신진대사를 촉진한다.

9. 현미에는 무기질과 비타민이 풍부하여 영양구성이 좋다.

10. 현미는 성인병을 예방 및 치료를 하여주며 피로를 막아준다.

11. 현미는 혈액의 산성화를 막아주며 혈액순환이 좋
   아진다.

12. 현미에는 각종 영양소가 풍부하여 소식이 가능하다.

13. 현미의 우수한 단백질은 배아(씨눈)와 미강(쌀겨)에
   있다. 현미는 지방을 약 20% 정도 함유하고 있으
   나 백미는 1%에 지나지 않는다.

◇ 현미 씨눈의 영양성분

(*자료출처: 일본 식품기술 연구회 발표)

영양성분	함 량(100g 중)
단백질	21.3g
식물성섬유소	12g
오미자	200mg
옥타코사놀	700mg
비타민B1	23mg
비타민B6	1.76mg
나이신	13.600mg
토코페롤	49.20mg
아노이탈	596mg

◇ 현미식의 단점

1. 현미는 강질의 쌀겨 층으로 인하여 물의 침투가 잘

이루어지지 않아 밥 짓기가 불편하다.

2. 껄끄럽고 잘 씹히지 않아 식사하기가 불편하다.

3. 잘 씹히지 않은 현미밥은 소화를 못 시킨다. 그래서 위장이 더부룩해진다.

4. 농약에 오염되었다고 오인을 하고 있다.

5. 오래 씹어야 함으로써 거부감을 느낀다.

현미식에는 이러한 5가지 문제점이 있다. 현미 한 수저의 300~400개의 밥알을 다 먹으려면 80번 이상 씹어야 한다. 다 씹지 않은 현미는 위액(소화액)이 현미밥(과피, 종피)에 침투를 못 하여 소화가 잘 되지 않는다.

현미, 통밀, 보리 등의 녹황색 채소를 많이 섭취하면 약알칼리성 혈액이 유지된다. 그래서 건강에 유익하다. 이것은 이미 여러 학자들에 의하여 밝혀진 바 있다. 따라서 현미식을 하면 모든 질병을 예방하며 건강이 유지된다.

◇ 잘못 먹는 식품 세 가지

1. 몸에 해로운 것을 알지 못하고 먹는 경우

2. 몸에 좋은 것이라도 많이 먹어서 탈이 나는 경우

3. 백미와 흰 밀가루가 건강에 좋지 않은 음식인 줄 알면서도 남들도 다 그런 음식을 먹어서 덩달아서 1~2년 혹은 수년을 먹는다.

대체로 이렇게 생기는 병은 갑작스럽게 생기는 병과는 다르게 겉으로는 쉽사리 나타나지 않는다. 그러나 어떤 충격을 받거나 심리적 고통 등이 작용할 때 표면으로 나타나는 수가 많다. 그뿐 아니라 처음에는 신체의 기관에 대수롭지 않던 병이 연쇄적으로 다른 기관의 병으로 나타나게 되어 합병증이 발생하게 되기도 한다.

특히나 동양 사람들은 백미를 오랜 식습관으로 해왔다. 그래서 각종 비타민, 미네랄, 섬유질 등이 결핍되어 체질이 산성화로 변질되어 질병에 대한 저항성을 잃게 된다. 현미와 통밀의 쌀겨와 녹황색 채소 등의 섬유질은 체내에 축적되어 있는 과잉 지방질을 흡착하여 배설시키는 역할을 한다.

도정하는 기술이 개발된 1900년 후부터 현대병이라 일컫는 고혈압, 당뇨병, 동맥경화, 각종 암, 뇌졸중, 신경쇠약 등이 만연하기 시작하였다. 이러한 현대병은 백미와 흰 밀가루를 주식으로 하여서 생긴 것이다.

즉, 백미에는 비타민, 미네랄, 섬유소 등의 영양소가 부족하다. 그래서 우리 몸은 부식에서 보충하려고 배가 불러도 자꾸 먹게 되는 것은 인간의 본능적인 습성이다. 결국 과식을 하게 되어 병에 걸리게 되는 것이다.

◇ 현미의 영양소 및 효과

영양소		효과
농촌 진흥청 분석표	단백질	백미는 단백질이 적어서 과식하게 된다
	지방	현미에는 지방질이 많아 육식을 적게 한다
	당질	현미는 비타민B가 충분하여 당분이 필요 없다
	회분	근육을 긴장시킨다
	섬유	배변을 원활하게 한다
	칼슘	골격과 치아 세포형성과 혈액 정화에 필요하다
	인	골격과 세포형성에 필요하며 기억을 좋게 한다
	철	빈혈예방을 한다
일본 식품 분석표	마그네슘	뼈와 세포강화에 유용하다
	비타민B1	부족하면 각기병과 소화불량이 되며 두뇌가 좋지 않게 된다
	비타민B2	부족하면 성장이 멈추고 구각염 구순염의 원인이 된다
	니코틴산	부족하면 피부병, 구내염, 폐렴, 설사, 신경 이상이 생긴다
	판토텐산	두뇌를 좋게 하고 부족 시 피부병이 생긴다
	피오틴	부족하면 피부염, 탈모, 보행곤란이 온다
	엽산	부족하면 빈혈, 백혈구 감소, 악성종양이 온다

일본 식품 분석표	비타민 B6	산독증 치료에 이용되며 배아 효모에 많다
	이노시톨	위장운동을 정상화시킨다
	코린	고혈압, 간경변증에 도움이 되며 배아에 많이 함유되어 있다
	P아미노산	거담제가 되며 천식에 효과가 있다
	비타민 K	혈액응고에 필요하고, 암, 결핵의 해독에 유효하다
	비타민 L	부족하면 모유가 나오지 않는다
	비타민 E	부족하면 불임증이 오고, 남성은 호르몬 생성이 안 된다
	휘틴산	독극물 배설작용, 위장작용을 활발히 한다

현미의 쌀겨(겨층)와 배아(씨눈)에는 인류에게 절대적으로 필요한 비타민, 미네랄, 섬유질 등이 껍질 부분에 포함되어 있다. 그러나 도정(搗精)의 방법으로 영양분을 벗겨내게 된다. 결국 백미를 주식으로 하기 때문에 영양소를 보충하려고 육식을 많이 먹게 되는 것이다. 이는 우리 몸의 자연스러운 현상이며 결국 병이 오게 되는 것이다.

◇ 현미식을 하면 면역력이 올라간다

현미에는 탄수화물 외에도 질 좋은 식물성 단백질이 있다. 또, 지방과 뼈에 좋은 칼슘, 심장병을 예방하는 마그네슘, 고혈압 예방에 절대적으로 필요한 칼륨, 빈혈에 좋은 철분, 발육촉진과 에너지 대사에 좋은 아연 등이 풍부하게 함유되어 있다. 또한 비타민B1, B2 B6, E 및 니코틴산, 엽산 등의 비타민류가 풍부하게 함유되어 있다. 그래서 면역력이 올라가게 된다. 백미식을 현미식으로 하루아침에 바꾸기는 쉽지 않다. 하지만 자신과 자라나는 어린이들을 위하여 필연적으로 서서히라도 바꾸어야 할 것이다.

◇ 현미가 백미보다 좋은 근거를 살펴보면

1. 비타민B1: 성장기에 빠트릴 수 없는 것이 비타민 B1이다. 그 비타민 B1은 정백(백미, 흰 밀가루)에 의하여 감소된다.

2. 비타민B군: 나이아신(니코틴산)과 판토텐산, 비타민 B12 등이 부족하게 되면 다양한 장애를 초래한다. 나이아신이 결핍되면 페라그라라고 불리는 피부염을 일으킨다. 판토텐산이 부족하게 되면 혈압의 저하로 쉽게 피로를 느끼게 된다. 비타민 B12은 악성 빈혈 치료제로 사용되고 있다. 이는 비타민 B1 못지않게 성장기에 없어서는 안 될 성장촉진 작용작용이 있다. 게다가 동맥경화 예방에도 효과가 있다. 비타민6은 입덧예방에 현저한 효과가 있다.

3. 코린: 코린 이노시톨도 B군 비타민이다. 쌀겨층에

다량 함유되어 있으며 유아가 성장발육 하는데 촉진인자이다. 현미에는 100g당 약 700mg의 코린이 들어 있다. 이 코린은 체내에서 간에 지방이 축적되는 반응을 제어하는 역할을 담당하고 있다.

4. 미네랄: 현미와 백미를 비교하면 칼슘, 인, 철, 칼륨의 함유비율이 각각 현미 쪽이 압도적으로 많다.

5. 비타민E: 비타민E는 생물의 생식에 관여한다. 정자가 난자에 들어가 융합하기 전 컨트롤하여 세포막을 보호하고 노화를 방지하는 효과를 가지고 있다.

6. 섬유질: 현미에 들어있는 셀룰로오스, 헤미셀룰로오스, 리그닌 등은 암을 예방하는 데 중요한 역할을 한다. 헤미셀로오스는 관장을 통과하면서 각종 유해물질을 흡착하여 배설하는 데 기여한다.

현미의 주성분인 탄수화물은 고칼로리로 소화가 잘 된다. 그래서 근육형성과 힘을 내는 역할을 한다. 현미의 쌀겨와 씨눈은 단백질, 지방, 비타민, 무기질 등을 많이 함유하고 있다. 현미의 쌀겨는 장내에 적체되어 있는 지방질과 중금속 등의 유해물질을 흡착하여 배설시키는 작용을 한다.

옛 선조들이 먹던 음식을 먹으면 질병을 앓지 않는다. 요즘 어린이들의 질병은 주거환경의 탓도 있겠지만, 근본적으로는 매일 먹는 음식이 달라졌기 때문이다. 한국 민족의 전통음식인 현미, 된장, 김치는 민족의 건강과 명석한 두뇌를 갖게 된 원동력이다. 조상들의 지혜에 감사드려야 할 것이다.

4.

통곡물의
미강(겨)과 비타민

　사람이 생명을 유지하는 데 필요한 영양소는 탄수화
물, 단백질, 지방질, 무기질 등 4대 영양소가 있다. 그러
나 그 외에 필요한 다른 영양소인 비타민이 있다고 알려
져 있다. 이는 각기병의 원인이 비타민의 결핍에서 온다
는 것이 알려지면서 정착되었다.

　일본의 스즈키 박사는 "현미에는 각기병을 예방할
수 있는 특수한 물질이 있다"는 결론을 내렸다. 그 후,
1910년경에 각기병 치료성분을 추출하는 데 성공했다.
이것을 "오리자닌"이라고 불렀다. 때마침 영국의 카시
밀펑크도 "쌀겨 중에서 각기병에 유효한 성분이 있다"는
사실을 실험으로 증명했다. 그리고 이 물질을 아미노산
이라는 뜻으로 '비타민'이라 이름 지었다.

중국에서는 2천 년 전에 현미의 쌀겨가 건강에 좋다는 사실을 발견한 증거가 한자 속에 있다. 한글은 소리로 표현하는 글이다. 한자는 뜻으로 표현하는 글이다. 중국 한족이 한자를 만들 때 쌀겨가 건강에 좋다는 사실을 알고 있다는 증거가 있다. 글자를 살펴보면 쌀겨를 한자로는 쌀겨 강(糠)이라 쓴다. 쌀이라는 미(米)자에 건강이라는 강(康)자가 합하여서 쌀겨 강(糠)이라 한 것이다. 또는 쌀 미(米)자에 흰 백(白)을 합친 것이 지게미 박(粕)이다. 지게미란 술 찌꺼기를 말하는 것이니 결국 흰 쌀은 지게미라는 말이다.

2천 년 전 중국에서는 현미가 건강에 좋다는 것을 명시하고 있었다.

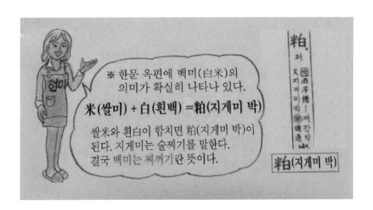

현미와 통밀에 붙어 있는 겨와 씨눈은 비타민과 무기질, 섬유질이 세트를 이룬다. 그래서 각종 질병을 방어하고 치료하는 역할을 한다. 그러면서 신진대사 작용이 원활하게 이루어진다. 겨와 씨눈을 깎아낸 백미와 흰 밀가루는 탄수화물, 단백질, 지방 등 3대 영양소만 풍부하다. 그래서 근육과 힘(에너지)과 체온을 유지하는 역할만 한다. 그래서 체내에 과잉 섭취되었을 때는 비만이 온다. 또, 질병에 걸리게 된다.

오랜 식생활이 습관화된 백미와 흰 밀가루 음식을 하루아침에 현미와 통밀로 바꾸는 것은 쉬운 일은 아니다. 부드럽고 감칠맛 나는 백미 밥과 흰 밀가루의 빵과 과자. 이러한 식생활을 하여도 무쇠같이 튼튼하고 건강하게 사는 사람들이 얼마든지 있다. 그들은 백미 밥과 흰 밀가루 음식을 먹으면서 다른 부식(반찬)과 채소, 과일을 의식적으로 또는 우연히 먹는다. 그래서 영양균형이 맞아 일시적으로 건강이 유지된다. 그러나 장기적으로 보면, 언제 어떠한 질병으로 고생하게 될는지는 예측할 수 없다.

나는 백미 밥과 흰 밀가루 음식을 먹어도 건강하다고 한다. 그러나 후손으로 태어난 유전자는 과연 건강한 어린이로 태어나서 성장할지 두고 보아야 할 것이다.

저출산이 해소되고 문명이 발전되면서 애정이 많은 어린아이를 출산하려면 낟알(통곡물)로 주식문화가 바뀌어야 한다.

서적이나 논문에서 기술된 것이 없어서 설문조사의 자료에 의한 것이다.

낟알을 주식으로 하는 데는 어린아이들은 일찍 효과를 볼 수 있지만 나이가 많은 사람일수록 3년~5년 이상 먹어야 효과가 나타날 것으로 추정한다. 후손을 위하여서라도 하루 속히 낟알로 음식문화가 변하여야 할 것이다.

5

영양소의 역할

1. 탄수화물: 곡식의 배유(백미층)에 많이 함유되어 있다. 체내에서 포도당으로 변하여 체온을 유지하고 근육을 조성한다. 그래서 체력을 유지하면서 힘을 내는 역할을 한다. 남는 영양소는 체내에서 축적 되어 비만해진다.

2. 단백질: 단백질을 많이 먹으면 몸에서 저장이 되지 않고 배설된다. 그래서 매일 매일 소량씩 자주 먹어야 한다.

◇ **단백질 함량은 학자마다 조금씩 다르다**

60kg의 체중을 가진 사람의 단백질 함량은 하루에 30g 정도 먹으면 된다. 현미 100g에는 8g의 단백질이 함유되어 있다. 따라서 하루에 150g씩 3번 식사하면 단백질 함량은 32g 정도다. 따라서 단백질이 부족하지 않

게 된다. 설령 하루에 450g보다 적은 양의 식사를 해도, 콩, 된장, 기타식품을 먹게 되어 단백질 함량은 부족하지 않게 된다.

옛날에는 굶주리는 사람이 많은 것은 단백질 부족으로 키(신장)가 작은 사람이 많았다. 서양 사람이 먹는 밀가루는 100g당 12g의 단백질이 있고 육식을 많이 먹기 때문에 키(신장)가 큰 것이다.

3. 지방질: 지방산으로 분해되어 힘과 체온을 발생하는 역할을 한다. 그래서 피부를 촉촉하게 하여 신체를 유연하게 한다.

각종 식품의 성분 열량 비 100g/g

성분 종류	단백질	지방	탄수화물	비고
현미	8	6	86	
콩	36.2	19	44.8	
쇠고기	47	53	0	
돼지삼겹살	16	84	0	
고등어	65	32	0	
계란	33	64	0	

4. 비타민: 모든 질병의 예방 및 치료를 해주는 식품이
   다. 먹거리에서 보충하여야 하는 필수 영양소이다.
   비타민은 인체의 기능을 정상적으로 작용하도록 도
   우며, 각종 영양소를 활성화하는 역할을 한다.

◇ 비타민의 특성과 함유성분

농촌 진흥청 분석표

비타민 명	특성	함유 식품
비타민 A	야맹증 방지, 성장 촉진	간유, 당근
비타민 B1	각기병 치료, 신경염	이스트, 쌀겨, 간
비타민 B2	성장 촉진, 강장 강화	간, 이스트, 우유
비타민 B6	피부염, 펠라그라병	간, 쌀겨, 이스트
니코틴산	빈혈 치료, 젖 분비 촉진	이스트, 쌀겨
엽산	식중독, 빈혈 예방	시금치, 이스트
판토텐산	항체 형성, 백발 방지	이스트, 계란
카니틴	지방질 대사, 성장 촉진	양고기, 이스트
코린	기억력 증진, 지방간 방지	담즙, 콩, 이스트
바이오틴	피부염, 신장 촉진	간, 땅콩, 이스트
비타민 B12	적혈구 형성, 성장 촉진	간 계란, 이스트
비타민 C	괴혈병 예방, 생리 활성	야채, 과일
바터민 D	구루병 예방, 골격·치아 형성	간유, 참치, 계란
비타민 E	산화 방지, 생식기능 항진	콩, 양배추, 계란
비타민 K	출혈 방지, 간기능 증진	시금치, 녹차, 쇠간

5. 미네랄: 인체를 구성하는 필수원소이다. 철, 망간, 아연, 구리, 크롬, 몰리브텐, 요소, 셀레늄, 나트륨, 소디움, 마그네슘, 염소, 칼륨, 포타슘, 황, 칼슘, 인, 붕소, 게르마늄, 요오드, 규소, 비나듐, 니켈, 륨 등의 광물질이다. 물, 해초류, 흙 등에 함유하고 있다. 이는 인체에 절대적으로 필요한 물질이므로 다음절에서 설명한다.

6. 섬유소: 쌀겨와 밀기울의 섬유질은 인체에 과잉 섭취된 지방질과 노폐물을 흡착하여 배설시키는 작용을 한다. 그래서 장이 편안하게 신진대사를 할 수 있게 된다.

섬유소에는 물에 녹는 수용성 섬유 30%와 물에 녹지 않는 불용성 섬유 70%가 있으며 섬유소를 하이버라고도 한다.

동물성 식품에는 섬유질이 전연 함유되어 있지 않다. 백미, 흰 밀가루에는 150g당 0.6g이 함유되어 있다. 현미 통밀에는 150g당 2g의 섬유질이 함유되어 있다.

수용성 섬유질은 음식물이 위장에서 통과속도를 지연
시킨다. 음식물은 위장에서 박테리아에 의해 분해된다.
결국 수용섬 섬유질은 영양소를 천천히 흡수하여 간장
에 보내는 역할을 한다.

불용성 섬유소는 곡식, 과일, 채소의 겉표면에 부착되
어서 빗물, 습기에 녹지 않는다. 과육의 병균과 산화를
침입 못 하게 하는 역할을 한다.

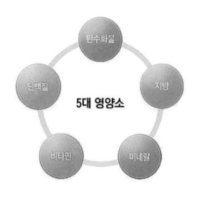

6.

미네랄Mineral의 역할

◇ **미네랄의 중요한 것을 살펴본다**

※ **마그네슘: 뇌의 기능, 신경, 근육에 필요하다.** 현대인에게 부족하기 쉽다.

※ **망간: 뼈를 만드는 데 필요하다.** 간장의 기능을 좋게 받쳐주고 있다. 부족하면 뼈의 성장 기능이 떨어지고 생식 기능도 나빠진다. 전신의 호르몬 분비에 크게 작용한다. 부족하면 애정 결핍증이 생긴다.

※ **칼슘: 인류와 동물의 뼈를 이루는 주성분이다.** 체내의 산 알칼리의 밸런스를 유지하는 데에도 필요한 원소다. 뼈는 약 200일 만에 새롭게 만들어지기 때문에 꾸준히 칼슘을 섭취하여야 한다.

※ **칼륨: 체내 수분이 항시 75%로 유지되어 있다.** 이것은 칼륨이 나트륨과 균형을 잡고 있기 때문이다.(심장과 근육의 활동을 정상으로 유지시키는 데 필요하다. 짠 음식을 많

이 섭취하면 자칫 칼륨 부족 현상이 일어나기도 한다.)

※인: **체내에 있는 인의 90%는 칼슘과 결합하여 뼈와 치아를 만들고 있다.** 체내에 저장 에너지의 근원을 만드는데 필요하다. 인과 칼슘이 균형을 이룬 음식물을 섭취할 필요가 있다. 인스턴트 식품이나 정제된 백미 밥만을 먹으면 부족하기 쉽다.

※철분: **전신에 산소를 공급하여 주는 적혈구의 헤모글로빈에 많다.** 철분이 산소를 끌어들이는 역할을 한다. 철분이 부족하면 빈혈을 일으키게 된다. 또, 전신이 피로감에 생기게 된다.

※ 나트륨: **소금에 함유되어 있다.** 오히려 짠 음식 때문에 문제가 된다.

미네랄은 비타민이나 섬유질 등과 함께 우리 몸에 절대적으로 꼭 필요한 것이다. 부족하면 각종 질병으로 신체가 허약해진다. 인류는 자연 식품을 섭취해야 한다. 사육하는 짐승과 양식하는 물고기는 맛이 없을 뿐만 아니라 영양가도 적으며 질병에 대한 저항력도 약하다.

미네랄 원소는 동식물과 물, 흙 등의 자연에 분포되어

있다. 식물과 동물에게 흡수되지 않으며 윤회하면서 맛을 더하면서 질병을 예방하게 된다.

자연산의 물고기는 식성대로, 취향대로 천연적인 영양소를 섭취 하게 되지만 양식하는 물고기는 자연적인 먹이를 섭취하지 못한다. 또, 미네랄 등이 적은 인공사료에 의하여 양식하기 때문에 맛이 전혀 다르다.

무기질 원소는 체중에 비해 4% 정도만 사람 몸에 함유하고 있으며 미네랄의 종류는 70여 종류로 조사되고 있다. 이 원소들의 함량이 소량일지라도 우리 몸에 없어서는 안 되는 중요한 원소들이다.

◇ 우리 몸에 미네랄이 결핍되면 다음의 증상이 생기게 된다
1. 충치가 발생된다.
2. 머리비듬이 많아진다.
3. 마음이 불안, 초조해진다.
4. 사람 만나는 것이 두렵다.
5. 잇몸에서 피가 자주 난다.

6. 상처가 잘 낫지 않는다.

7. 일이나 공부에 열의가 없다.

8. 키(신장)가 적어진다.

이처럼 미네랄이 결핍되면 우리 몸 전체에 여러 가지 증상을 나타내게 되는 것이다. 미네랄을 천연음식에서 섭취하지 않으면 안 된다. 인공으로 미네랄을 섭취하면 문제가 생긴다. 즉, 나노기술로 미세하게 분쇄하여 사람이 섭취한다면 설사, 복통, 피부병 등의 부작용이 발생됨으로 천연적인 미네랄을 섭취하여야 한다.

미네랄의 원소에는 극소량임으로 미량 원소 또는 희귀원소이다. 그러나 극소량의 원소라 할지라도 사람 신체의 구성성분으로써, 세포의 기능을 원활하게 하는 대사활동에 꼭 필요한 원소이다.

이들 희귀 원소는 흙, 물, 동식물 등에 잠재되어 있으며 각종 질병에 대한 면역성과 맛을 내고 있다. 이것을 식물이 뿌리로 흡입하면 식물 체내에서 분해(흡수)되지 않는다. 사람이 먹었을 때에도 체내에서 소화되지 않고 원상태에서 각종 질병을 막고 맛을 내는 역할을 하는 원소이다. 즉, 이들 희귀 원소는 사람과 식물을 윤회하면서 흡수되지 않고 필연적인 역할을 한다.

그러나 아무리 미량의 영양소라 할지라도 사람에게 없으면 안 된다. 부족하면 신체대사가 월활하지 못하여 병이 발생하게 된다.

※ 미네랄의 효과

농촌 진흥청 분석표

미네랄	질병
마그네슘(Ag), 칼륨(K), 철(Fe) ,망간(Mn), 타이타늄(Ti), 나트륨규소(Si), 칼슘(Ca), 나트륨(Na), 인(P), 아연(Xn), 황(S)	신체성장 촉진, 신진대사의 활성화, 애정 결핍, 세포조작의 노화방지 및 치료, 세포내의 활력소 발생촉진
규소(SL), 칼슘(Ca), 칼륨(K), 철(Fe), 아연(Zn), 나트륨(Na), 칼륨(K)	위장강화, 영양섭취
규소(SI), 칼슘(Ca), 망간(Mn), 인(P), 아연(Zn),	골격 및 치아건강
칼슘(Ca), 철(Fe), 아연(Zn), 구리(Cu)	소염작용, 저항력 부여
칼슘(Ca), 마그네슘(Mg), 칼륨(K), 철(Fe), 인(P),	비만 및 빈약질 조절
칼륨(K),	장기의 건강과 보존 및 시력감퇴 방지
요오드(I)	감상선 기능조절
칼륨(K),마그네슘(Mn),철(Fe),아연(Zn), 바나듐(V),타이타늄(Ti),인(P),마그네슘(Mg),구리(Cu),칼슘(Ca),코발트(Co),아연(Zn),망간(Mn),마그네슘(Mg),구리(Cu)	조혈, 출혈방지, 말초혈관강화, 동맥경화예방 및 치료, 심장강화, 혈압조절, 생식기능의 점진, 호르몬조절, 불임 및 불감증해소(성적활력을 소생시킴)

칼륨(K),철(Fe),망간(Mn),바나듐(V),타이 타늄(Ti),칼슘(Ca)	신경세포의 강화, 노화방지, 신경통 및 신경마비예방과 치료
규소(SI),칼슘(Ca),마그네슘(Mg),칼륨(K), 철(Fe),황(S),	피부점막 및 모발의 건강, 피부건강의 외적조건조절
칼슘(Ca),철(Fe),인(P),마그네슘(Mg)	탄력 있는 근육조성, 체형의 조절과 균형유지
칼슘(Ca),마그네슘(Mg),칼륨(K),철(Fe)아 연(Zn),망간(Mn),나트륨(Na),	간장, 신장, 췌장기능강화, 체내해독, 배설 및 당분조절, 신체조절
아연(Zn),철(Fe),망간(Mn),마그네슘(Mg), 구리(Cu),크롬(Cr),스트론튬(Sr)나트윰 (Na),칼륨(K),코발트(Co),	인체효소생성조절, 혈색소 기능조절, 탄수화물 이화작용

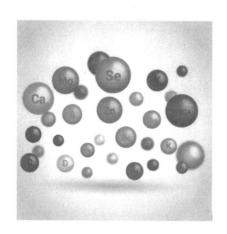

제4장

음식 문화

무엇이든지 많을 때는 그 물건이 귀한 것을 느끼지 못한다. 그러다 그것이 고갈되어 자취를 감추었을 때는 그리움과 아쉬운 것을 알게 된다. 매일 호흡하는 산소와 매일 마셔야 하는 물처럼 낟알(현미 통밀)이 바로 그런 것이다.

생활하면서 건강이 얼마나 소중한지도 모르고 입맛과 향락에 빠져 생활한다. 그러다 어느 날 갑자기 병들어 병실에 누워 있게 된다. 그때가 되어서야 건강이 얼마나 소중한 것인가를 느끼게 된다.
그것은 반드시 음식물을 잘못 섭취하였기 때문에 건강이 나빠지는 것을 모르는 것이다.

건강한 사람들은 병드는 것과 죽음이라는 것에 대한 감정이 없다. 그들은 아무렇지 않은 것처럼 남의 일같이 강 건너 불 보듯이 본다. 그러나 누구든지 막상 병들어 죽을 때는 어떻게 하든지 더 살려고 몸부림치게 된다. 건강한 사람들의 행복을 그때서야 뼈저리게 알게 되는 것이다. 그러나 이미 버스는 지나갔듯이 운명이 다 되는 날까지 탄식할 것이다.

현대의학의 창시자인
히포크라테스는
음식으로 못 고치는 병은
의사도 못 고친다고 했습니다.

1

현미의 기능과 역할

BC400년(철기시대)경부터는 농경문화가 발달했다. 벼, 밀, 보리, 조, 콩, 옥수수 등의 곡식을 절구, 디딜방아 등으로 도정을 했다. 조선시대 때는 중국에서 연수받은 연자방아, 물레방아로 도정을 해서 주식으로 사용하였다. 지금은 사용하지 않지만 절구, 디딜방아, 연자방아, 물레방아가 아직도 시골 곳곳에 산재되어 있다.

1876년경 유럽에서 도정기계를 개발하였었다. 누런 통밀을 흰 밀가루로 도정하여 빵을 구워 먹었다. 1890년경 미국에서 통밀을 도정하는 기술을 일본이 도입하여 현미를 백미로 도정하여 주식으로 하였으며 껄끄럽던 현미가 백미로 변질되니 맛이 좋아서 국민들이 백미밥을 주식으로 하였다.

한국에서는 1905년경 일본에서 발동기로 현미를 백미로 도정하는 기술을 도입했다. 처음으로 백미 밥을 지어 먹어본 고종황제는 맛이 기가 막히게 좋아서 '무슨 밥이 이리 맛이 좋을까?' 참으로 감탄할 일이라고 탄복을 하고 그 이름을 어미(御米)라 하여 서민들은 못 먹게 하고 궁중에서 왕족들만 먹었다.

1910년경부터 서민들도 백미 밥을 먹으라고 하였다. 그러나 도정기계가 부족하고 도정료가 비싸서 부자들만 먹었다. 서민들은 식량이 부족하여 현미밥 먹기도 어려운데 백미 밥 먹는 것은 염두도 못 냈었다.

1910년 후부터 동양에서는 백미식을, 서양에서는 1890년부터 흰 밀가루 음식을 부드러운 맛으로 먹었다. 그러다 보니 고혈압, 당뇨병, 뇌졸중 등의 현대병이 만연하게 된 것이다.

우리나라에서도 1950년까지 명절 때나 제삿날 때만 고기를 맛 볼수 있었으며 그 이외 날은 주로 김치 깍두기 된장찌개가 전부였을 때는 암, 고혈압, 당뇨병 환자

가 거의 없었다. 또한 세계 3대 장수촌의 훈자왕국, 구
소련의 호스카지방, 남미의 빌카밤바 지방 등에서도 동
물성식품은 극히 소량으로 섭취하고 주로 식물성 식품
을 먹고 있는데. 각종 질병과 부정부패가 거의 없으며
국민들은 선량하면서 장수하고 있다고 한다.

「옛날 현미밥 먹을 때는
현대병은 없어도
상사병이 있었는데

오늘날 백미밥을 먹으니
상사병은 없어졌어도
현대병이 만연하여 지고 있다.」

2

현미와 통밀의 변천사

1975년 정사영 박사의 저서『기적을 낳는 현미』가 출간되면서 현미식이 건강에 좋은 것을 알고 현미식을 하려는 사람이 많았다. 그러나 소화가 안 되고 밥 한 숟가락에 80번 이상 씹어야 하며 껄끄러워서 소비자들로부터 호평을 받지 못했다. 그래서 소수의 사람들만 현미식을 하고 있는 실정이다.

일본과 한국에서도 현미가 건강에 유익하다는 것을 알고 있으나 소화가 안되고 껄끄러워서 못 먹고 있다. 1960여년부터 소화가 잘되는 현미로 개발하려고 여러 기업체에서 부단히 노력하였다. 그러나 성공하지 못하고 중도에서 포기하고 현재까지 개발하지 못하고 있다.

일본 국민들이 현미식을 선호하지 못하는 것은 80번

이상 씹어 먹어야 하기 때문이다. 현미는 겉표면이 수분 침투가 잘되지 않는 피막(종피 과피)으로 싸여 있다. 그래서 80번 이상 씹어 먹어야 한다. 그래야만 소화액이 밥에 침투되어 소화가 잘 된다.

보리쌀도 잘 씹히지 않아서 식사하기가 불편했다. 그래서 수증기에 침지하였다가 압축을 하면 보리쌀이 납작하게 된다. 그러면 식사하기가 편리한 것을 압맥이며 일본 특허청에서 특허등록을 받은 것이다.

그러나 현미는 점착력이 있어서 보리쌀처럼 압축을 하면 롤러(roller)에 들러 붙는다. 약간 건조하여 압축하면 다시 원상태로 복원되는 현상이 발생된다. 그래서 많은 학자들이 연구하였으나 결국은 성공하지 못했다. 그래서 일본국민 대부분이 현미식을 못하고 있는 실정이다. 다만 현미식 애호가들만이 불편하지만 조금씩 먹고 있는 실정이다.

동남아 여러 나라에서도 아직까지 현미식을 할 수 있는 기술이 보급되지 못했다. 그래서 알남미 백미밥을 주

식으로 하고 있다. 그러나 아프리카에서는 도정기술이
발전되지 못하여 맷돌, 절구 등의 기구로 통밀, 보리, 옥
수수 등을 분쇄하여 빵과 죽을 만들어 먹고 있다.

  서양에서도 흰 밀가루로 빵을 주식으로 하는데 부드
럽고 맛이 좋았다. 그러나 건강의 중요성이 대두되었다.
통밀가루를 분쇄하여 빵을 주식으로 하니까 껄끄럽고
맛이 없으나 건강에 유익하므로, 국가적 차원에서 홍보
하여 통밀가루 음식을 장려하고 있다.

현미의 중요성

◇ 한국에서 발행된 현미에 관한 4권의 도서 내용
을 요약한다

1. 도서명 『기적을 낳은 현미』

발행인: 정사영

출판사: 시조사

발행일: 1975년 3월 20일 발행 (19쇄 인쇄)

내용 요약: 현미는 하나님이 인간에

게 주신 가장 이상적인 곡식이었으나 잘못된 식습관
에 얽매여 백미식을 즐겨먹고 있다. 그래서 고혈압,
당뇨병, 심장질환, 뇌혈관, 비대증 등의 질병에 시
달리고 있다.

현미식에 관한 갖가지 경험은 기적적인 것이라 감탄을

금할 수가 없어서 현미식 운동이 전국적으로 일어나기를 기대한다. 청소년 범죄의 예방과 치료에 가장 두드러진 효과를 가져온 것이 현미식이다.

조상들은 배아(씨눈)가 있는 현미와 잡곡, 채소 등을 먹어서 건강과 장수를 하였다. 동양과 서양이 거의 비슷한 세기에 현미와 통밀가루가 백미와 흰 밀가루로 바뀐 것도 무척 기이한 일이다.

정사영 박사는 현미식을 하여야 건강할 수 있으며 장수할 수 있다고 하여 한국, 미국, 호주, 캐나다 등 각 국가를 순회하면서 현미의 중요성을 강의하였다.

2. 도서명 『현미밥 채식』

발행인: 황성수

출판사: 페가수스

발행일: 2009년 12월 27일

내용요약: 대구의료원 신경외과 과장으

로 근무하고 있다. 고혈압 당뇨병을 가진 사람에게 자주 발병하는 뇌혈관병을 치료하였다.

자신을 찾는 환자들 10명 중 9명이 식단에 문제가 있다는 사실을 발견했다. 그러면서 일상적으로 먹는 밥에 대하여 공부했다. 그 후, 고단백의 동물성식품이 건강에 좋지 않다는 사실을 알게 된다. 또, 현미가 건강에 좋은 성분이 있다는 사실을 알게 되어 현미식에 빠져들게 되었다.

　병원을 찾는 환자에게 현미밥, 채식을 먹게 했다. 그러면 고혈압, 당뇨병, 비만, 뇌혈관, 심장 혈관병, 치매 등을 앓던 환자들이 빠르게 호전되었다. 그중에는 40년간 먹어오던 혈압약을 끊고 건강을 되찾은 환자도 있었다.

　1992년부터 해오던 생활습관교육을 200회를 넘었다. 이는 의사로서 가장 보람을 느끼는 일이며, 많은 사람들이 현미밥, 채식을 실천하여 병에서 건강해지는 것이 가장 큰 소망이라고 하였다.

3. 도서명 『현미 채식』

　발행인: 홍성태

　출판사: 넥서스

발행일: 2013년 9월 5일

내용요약: 2010년 영진 고등학교 교장으로 부임 후 매주 월요일을 채식의 날로 정하여 전교생 및 교직원이 함께 현미, 채식을 실천하고 있다.

이러한 사례가 시사매거진 쿠켄, 한겨레신문, 매일신문 등 다양한 매체에서 중요하게 다루었다. 여러 기관에서 30회 이상 강연을 하여 식생활 개선을 위하여 현미 채식문화를 선도하였다.

4. 도서명 『주식혁명』

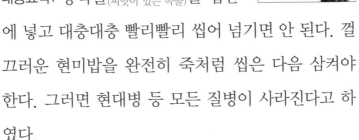

발행인: 강지원

출판사: 교학도서

발행일: 2020년 1월 25일

내용요약: 통곡물(씨앗이 있는 곡물)을 입안에 넣고 대충대충 빨리빨리 씹어 넘기면 안 된다. 껄끄러운 현미밥을 완전히 죽처럼 씹은 다음 삼켜야 한다. 그러면 현대병 등 모든 질병이 사라진다고 하였다.

밥상에서 백미밥과 흰 밀가루 빵을 추방하고, 통곡물 밥과 통곡물 빵으로 교체해야 한다고 한다.

흰 쌀로 만든 백미밥, 흰 밀가루 빵, 죽, 누룽지 등을 먹으면 병이 발생하게 된다. 그러나 통곡물 밥과 통곡물 빵을 먹으면 병을 치료한다고 하였다.

◇ 일본에서 발행되는 7권의 도서 내용을 요약하여 소개한다

그 외도 많은 서적이 발행되고 있는 것은 일본국민들이 현미식에 많은 관심을 가지고 있다는 증거다.

1. 도서명 『なぜ玄米でなければならぬか

(왜 현미를 먹어야 하는가)』

발행인: 二木謙三(후타키 켄조)

출판사: 伊藤書林(이토쇼린)

발행일: 1933년 4월 8일(18쇄 인쇄)

내용 요약: 『왜 현미를 먹어야 하는가?』라는 도서를 1933년(90년 전)에 후타기 켄조 박사가 발행하였다. 오래된 도서라 일본 시중에서 구입할 수 없어서 일

본국회 도서관에서 복사하였다.

현미에는 좋은 영양소가 많이 함유되어 있다. 일본 국민은 필히 먹어야 할 완전식품이다. 현미식이 아니면 건강해질 수 없다는 것을 인식하게 되어 일본에서 붐(boom)을 일으켰었다.

옛날 조상 때부터 주식으로 하던 현미는 일본 특유의 국민적 영양식으로 혁명적인 발명품이라고 하였다.

그러나 1895년 지금으로부터 127년 전, 일본이 미국에서 도정기술을 도입하여 현미식 하던 것을 백미식으로 주식이 변질된 후부터 국민건강이 허약해졌다. 각기병, 폐결핵 등의 질병이 발생하게 되었다. 또한 부정부패가 많아진 것도 백미 탓이라고 하였다. 학교 교과서에서도 현미식으로 바꾸어야 한다고 후타키 켄조 박사는 발표하였다.

2. 도서명 『玄米食のすすめ(현미식의 추천)』

　발행인: 櫻木健吉(사쿠라기 타케후루)

　출판사: 風媒社(후바이샤)

발해일: 1974년 6월 20일

내용 요약: 백미의 잘못된 음식이 건강에 미치는 영향은 첫번째 세대에서는 확연하게 드러나지 않는다. 그러나 2대, 3대까지 계속하여 먹게 되면 언제든지 질병이 발생하게 된다.

닭이 있는 곳에 백미와 현미를 섞어서 뿌리면 닭은 반드시 현미를 먼저 먹고, 현미가 없어지면 백미를 쪼아 먹는다.

닭, 참새, 쥐는 본능적으로 현미를 먹고 있다. 인류는 백미를 100년 이상 먹고도 아직까지 그 결함을 깨닫지 못하고 있다.

3. 도서명 『生活革命＝玄米正食法(생활혁명 ＝ 현미정식 법)』

　발행인: 石田英灣(이시다 에이완)

　출판사: 新泉社(신센샤)

　발행일: 1981년 2월 1일

　내용 요약: 저자의 3개월 된 딸이 있었는데, 모유가 나오지 않아서 우

유, 고기, 생선, 달걀, 치즈, 과일 등을 갈아서 먹였다. 그것도 모자라서 비타민, 미네랄 등의 영양소를 먹이면서 열심히 키웠다. 그런데 무슨 이유인지 딸의 식욕이 없어지기 시작하였으며 입에 들어간 것도 토해내었다.

소화과 의사의 진단은 심각하지 않다는 것이었다. 식욕이 감퇴되고 먹은 것을 토하는 정도였기 때문이다. 그래서 대단히 생각되지 않으니 약을 먹이면 기운을 차릴 것이라고 하였다. 그러나 딸의 증세는 점점 심해지고 쇠약하였다.

현미의 권위자 오카다 선생의 말을 듣고 현미죽을 만들어 유리병에 넣고 딸의 입에 물려주었다. 그랬더니 다른 음식을 먹이면 토하였는데 현미죽은 토하지도 않고 점점 생기를 되찾게 되었다. 현미죽으로 딸을 살렸으며 지금은 고등학교에 다니고 있다고 한다.

현미죽으로 잘 자라는 딸을 지켜보면서 현미란 도대체 무엇인가를 생각하게 되었다고 한다. 사쿠라자와 유키

카즈의 도서에서는 밥을 반드시 100회 이상 씹어서 죽이 될 때까지 씹은 후 반찬을 먹으라는 것이다.

백미 밥과 빵을 주식으로 하였을 때는 고기, 생선, 달걀, 우유, 버터, 치즈, 과일, 화학조미료, 설탕, 거기다 영양제, 커피, 와인 등 기호식품 등으로 식품비용도 많이 증가하게 된다.

4. 도서명 『玄米正食 料理法(현미정식 요리법)』

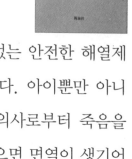

발행인: 山口 久子(야마구치 히사코)

출판사: 新泉社(신센샤)

발행일: 1983년 6월 16일

내용 요약: 현미크림은 부작용이 없는 안전한 해열제이다. 감기, 홍역에도 약효가 있다. 아이뿐만 아니라 어른에게도 좋은 음식이다. 의사로부터 죽음을 선고 받았을 때도 현미크림을 먹으면 면역이 생기어 희생하게 되어 많은 사람을 치료하였다.

■ 현미크림을 만드는 법: 현미 한 홉을 씻어 소쿠리에 얹고 조금씩 볶는다. 그 후, 물1L를 넣고 강한 불로 끓

인다. 끓어오르면 불을 줄여 놓아두면 부드러워져서 현미크림이 만들어진다. 간식일 경우는 15분, 갓 태어난 아기나 중환자인 경우는 4시간을 끓여서 환자에게 복용시킨다.

5. 도서명 『万田酵素パワーの秘密(만다 효소 파워의 비밀)』

발행인: 鶴蒔靖夫(츠루마키 야스오)

출판사: IN通信社(IN츠우신샤)

발행일: 1991년 1월 10일

내용 요약: 현미에서 추출한 배아(쌀눈)와 당을 배지로 하여 미생물이 나온다. 발효능력이 뛰어난 국균이 비타민, 미네랄 등 새로운 효소를 만들어 낸다.

건강하게 사는 것을 원한다면 백미식에서 현미식으로 바꿔야 한다. 실제는 현미에 대하여 인식이 상당히 높아 있다. 그러나 현미식을 실행하는 사람은 전체적으로 보아 극히 소수이다. 몸에 좋다는 것을 알고는 있으면서 미각면에서 소화가 잘 되지 않고 껄끄러워서 현미식을 멀리하고 백미식을 계속 먹고 있는 것이다.

6. 도서명: 『玄米食は病氣を治す-病氣の原理 治

癒の原理(현미식은 병을 고치다-병의 원리 치유의 원리)』

발행인: 石 田 英 灣 (이시다 에이완)

출판사: 新泉社 (신센샤)

발행일: 1995년 3월 31일

내용 요약: 선조나 부모가 바른 식생활을 전통적으로 지켜온 가정은 자손도 건강하다. 잘못된 식생활을 하게 되면 질병재난에 부딪히게 되어 모두가 불행해진다.

인류도 생명의 법칙이 있다. 그래서 무엇을 먹어야 하고 무엇을 먹어서는 안 된다는 생활의 질서를 탈선하면 안 된다. 그러면 파멸과 쇠망의 길로 갈 수밖에 없다. 현미를 올바르게 먹기만 한다면 인간은 병이 나지 않는다. 우리는 현미를 너무 모르고 있다.

1994년 현재 내가 현미를 먹기 시작한지 정확하게 30년째다. 현미식을 하고부터 약을 입에 대지 않고도 아무렇지도 않으니 신기하게 생각된다. 약을 계속 복용했을 때는 병에 시달렸는데 약을 딱 끊고 현미식을 하고부터

는 아프지 않게 되어 신기하다기보다도 감사하게 생각
된다.

7. 도서명 『食の原点=玄米革命(음식의 원점=현미혁명)』

발행인: 中 西 泰 夫(나카니시 야스오)

발행사: 同文館(도분칸)

발해일: 1998년 5월 15일

내용 요약: 현미효소를 섭취하고 3개월이 지나자 식욕이
왕성해졌다. 항상 창백하였던 얼굴에 혈색이 돌게 되었
다. 만성위염이 어느새 사라졌으며 아내와 아들도 건강
이 몰라볼 만큼 좋아졌었다.

'이와자키'의 권고로 현미효소를 꾸준히 먹은 사람들은
주위사람들로부터 좋은 평가를 받았다. 이와자키는 완
전히 현미효소의 프로가 되었다.

현미를 발효시켜서 만든 현미효소 '하이갱키'는 발효된
다. 그에 따라서 소화효소가 많이 포함되어 비타민B가
늘어나게 된다. 또한, 현미 자체에는 없는 활성산소를
제거하는 효소가 대폭 늘어나게 된다.

4.

현미가 백미로
통밀이 흰 밀가루로 변한 시기

현미와 통밀은 인류에게 가장 이상적인 곡식이었다. 그러나 인간의 지혜로 19세기부터 현미가 백미로, 통밀 가루가 흰 밀가루로 변질되었다. 그러면서 영양소의 불균형으로 질병의 덫에 걸렸다. 현대병이라고 하는 고혈압, 당뇨병, 뇌졸중 등의 질병에 시달리고 있다. 남녀 간의 이성의 성감까지 퇴화되어 인구감소로 사회에 큰 충격을 주고 있으며 사람이 사람을 그리워하는 감정까지 없어지고 있다.

현미가 건강에 좋다는 것은 세상 사람이 다 잘 아는 사실이다. 그러나 막상 현미식을 하는 사람은 그리 많지 않다. 태어날 때부터 건강하게 태어났기에, 먹기 불편한 현미밥을 먹을 필요성을 느끼지 못하고 있기 때문이다. 현미식은 의약품처럼 병약자가 먹는 식품인 것으로 인식한다. 그래서 건강한 사람은 쳐다보지도 않고 있다.

현미에는 인류가 필요로 하는 각종 영양소가 많이 함유되어 있다. 그래서 과식하고 싶은 생각이 없어진다. 그러나 백미식을 하면 부족한 영양소를 보충하려는 본능적인 욕구로 육식, 화학조미료, 술 담배, 향신료 등의 자극성 기호식품을 많이 먹게 된다.

사람이 필요로 하는 현미, 통밀에는 여러 영양소가 충분히 갖추어져 있다. 그래서 육식을 할 필요가 없다. 백미음식과 흰 밀가루음식을 먹게 되면 영양 불균형으로 과식을 하게 된다.

또한 정제되지 않은 통밀, 현미를 먹었을 때는 술, 담배 등의 기호식품을 먹어도 면역성이 강하여 별 영향이 없다. 그러나 정제된 흰 밀가루, 백미 음식을 먹었을 때는 면역성이 약해진다. 그래서 술, 담배 등의 기호식품을 먹으면 건강이 더 나빠진다.

짐승들은 사람처럼 지능이 발달되지 못했다. 그러나

본능과 미각을 맡는 취각이 발달되어 있다. 그래서 사람처럼 현미경으로 관찰하여 영양소를 테스트하지 않아도 안다. 즉, 자기들이 먹어서는 안 될 것과 영양소가 많고 적은 것을 알아내는 것이다.

닭에게 현미와 백미를 섞어주면 현미를 먼저 먹는다. 뱀에게 무정란과 유정란을 주면 유정란을 먼저 먹는 다는 실험결과가 있다.

유정란이란 암탉과 수탉을 같은 장소에서 사육할 때 낳은 알이다. 무정란은 수탉 없이 암탉만 사육해서 낳은 알이다. 그래서 계란(달걀) 속에는 씨눈이 없다. 씨눈이 없는 계란은 부화가 되지 않으므로 번식을 할 수 없다.

현미와 통밀에는 씨눈에 영양소가 많다. 그래서 종족을 번식하는 인자가 있어서 종족을 번식하게 된다.

현미와 통밀이 좋다는 것을 인식하고 하루 속히 음식문화가 변해야 한다. 그래야 건강한 체질과 두뇌가 명석해진다. 나아가 결혼 연령이 늦어지는 것과 인구가 감소되는 것을 걱정할 필요가 없을 것으로 생각된다.

5.

현미와 통밀이
인류에게 주는 영향

인간은 누구나 건강하기를 원한다. 건강하기 위해서는 정식(바른 음식), 정심(바른 생각), 정동(바른 운동)하라는 말이 있다.

정식: 현미, 통밀, 채소, 과일 등의 좋은 음식물이 있다. 그러나 백미, 흰 밀가루, 화학조미료, 흰 설탕, 정제 소금 등의 나쁜 음식물도 범람한다. 어느 것이 안전한 식품이고 어느 것이 불안전한 식품인지 분별하여 먹어야 한다.

정심: 식품이 육체를 지배하듯이 안전한 식생활을 해야 정신이 안정된다. 그래야 부정한 짓을 하지 않고 건강하게 살 수 있다.

정동: 운동을 해야 신체가 유연해지면서 혈액의 영양소를 세포 각 부분에 전달하여 건강을 유지할 수 있다.

경제발전으로 의료기술이 극도로 발달되어 종합병원과 제약회사가 헤아릴 수없이 많다. 식품회사들도 헤아릴 수없이 많아지고 있다.

그러나 사람이 먹어서는 안 되는 백미, 흰 밀가루, 육식, 화학조미료, 설탕 등의 식품은 부드러워서 먹기는 매우 편리하고 맛도 좋다. 그러나 비타민, 무기질, 섬유질 등이 손실된다. 육식의 과잉지방질과 고단백질은 만병의 원인이 될 수 있다. 그럼에도 불구하고 맛에 현혹되어 먹기 때문에 아무리 의료기술이 발전하고 종합병원이 늘어나도 현대병을 막을 수가 없다.

옛날에는 가공식품 없이 안전한 자연식품만을 먹을 수 있었다. 금세기에는 모든 식품을 인위적으로 가공하여 방부제, 화학조미료, 착색제 등을 첨가하여 만든다. 그래서 불안전한 식품을 먹지 않을 수 없는 현실이 되었다.

현미와 통밀에는 인체에 필수적인 탄수화물, 단백질, 지방질, 미네랄, 비타민, 섬유소가 갖추어져 있다.

백미와 흰 밀가루는 배아(씨눈) 미강(겨층)을 제거한 식품을 먹으면 육식, 화학조미료, 설탕 등을 많이 먹어서 영양과 맛을 보충하려 한다. 그러나 결국은 비타민, 미네랄, 섬유질 부족으로 질병이 발생한다. 나아가 성 불감증이 생긴다. 그래서 저출산이 되고 인구가 감소하게 된다.

만약 백미와 흰 밀가루를 주식으로 한다면 수년 내에 현대병에 걸리지 않는 사람이 없을 것으로 생각된다. 다행히도 백미, 흰 밀가루 음식을 먹으면서 채소, 과일을 먹기 때문에 현대병이 다소 덜 걸리게 되는 것이다.

우리는 백미와 흰 밀가루 음식을 100년 이상 먹고도 아직 그 해로움을 깨닫지 못하고 있다. 또는 깨닫고도 낟알(통곡물) 식사를 실행하지 못하고 있으니 이 얼마나 한심스러운 일인가?

어린아이를 건강하고 명석하게 키우려는 것은 부모들의 공통된 욕망이다. 어린이들의 식사예절을 엄하게 하여 처음부터 올바른 식습관을 가지게 해야 한다. 좋은 음식이라도 편식하거나 또는 불완전한 음식에 현혹되면 안 된다. 처음에는 질병의 증상을 못 느끼겠지만 세월이 지나다보면 엄청난 질병이 발생하게 된다. 이는 부모들의 책임이라 할 것이다.

그러나 현미와 통밀을 주식으로 하고 채소, 과일을 먹게 되면 식생활이 단조롭게 된다. 우리는 이렇게 하면 건강하고 강인한 체질이 되는 것을 알면서도 낟알 식사를 못 하고 있다.

20세기 초부터 현미와 통밀이 백미와 흰 밀가루로 변질된 후부터 현대병이 만연해지고 있다. 인류는 어느 식품을 어떻게 먹느냐에 따라 두 가지 커다란 생활 사이클이 이루어진다. 하나는 백미와 흰 밀가루를 먹는 생활 사이클이다. 또 하나는 현미와 통밀가루를 먹는 생활 사이클이다. 어느 쪽을 주식으로 하느냐에 따라 나타나는 생활의 차이는 하늘과 땅 차이로 체질이 다르게 된다.

백미와 흰 밀가루, 육류, 가공식품, 화학조미료, 설탕 등의 음식을 먹게 되면 비만, 암, 고혈압, 당뇨병, 뇌졸중, 심장질환 환자가 발병될 수 있다. 이것을 인류는 각

오하여야 할 것이다.

특히 육식과 설탕은 상승작용에 의하여 충동적으로 음식을 많이 먹게 된다. 또, 체질을 자극하여 이유 없는 폭력행위와 음주, 흡연, 마약 등의 상습적 행위가 증가하게 된다.

이러한 악순환은 단기간에 발생할 수도 있으나 생활의 패턴에 따라 점차적으로 나타나게 될 수도 있다.
부모로서 친구로서 현미와 통밀음식이 건강에 좋다고 강요할 수도 없고 강요한다고 될 일도 아니다.

현미와 통밀가루가 맛이 없다든가, 선입견으로 혐오하고 있다든가, 생리적으로 받아들지 못하는 사람들은 세월이 지나면, 질병의 고통으로 현미식을 한번 먹어보고 싶은 생각이 들기도 할 것이다.

현미식 하는 데 관심이 많은 식품학 교수, 의사, 간호사, 한의사 등이 현미식의 중요성을 인식하고 실천해야 한다. 그러면 일반인들도 자연스럽게 실천하게 될 것이다.

청소년들이 질서 있는 생활 속에서 자유롭게 여러 체험을 하고 싶은 것이 문명이다. 이는 청소년들 세대가 바라는 것이다.

햄버거, 아이스크림, 콜라 등을 먹으며 헤어진 청바지를 입고 거리를 체면에 얽매지 아니하고 마음대로 활보하는 것이 자유분방(自由奔放)[1]인지는 모른다. 그러나 나쁜 음식과 나쁜 생각의 잠재의식은 당대 또는 후세까지 전해진다. 또, 비만, 고혈압, 당뇨병, 정신박약자가 출생할 수도 있다는 충격적인 것을 알아야 할 것이다.

1. 자유분방: 체면과 관습에 얽매지 아니하고 자기 맘대로 행동함

6.

질병을 치료하는 현미와 통밀

질병은 자신이 끌어들인 결과이다. 암, 심장병, 당뇨
병, 고혈압, 뇌출혈, 중풍, 동맥경화, 불임증, 신경통,
신경쇠약, 정신이상, 불면증, 노이로제, 간질, 변비 등의
병은 음식을 잘못 먹어서 생기는 병이다.

신체의 모든 병은 발병되게 된 원인이 있다. 원인은 생
각하지도 않고 치료하려 하면 안 된다. 이것은 마치 아궁
이에 불을 피우면서 굴뚝에 나오는 연기를 없애려는 것
과 다를 바 없다. 병이 나면 반드시 병이 발병된 원인을
찾아서 치료해야 한다.

현미, 통밀, 채소, 과일 등의 영양소를 섭취하였을 때
는 구태여 육식을 먹을 필요를 못 느낀다. 백미, 흰 밀가
루, 화학조미료 등을 섭취했을 때는 영양소의 불균형으

로 본능적인 욕구에서 육식을 많이 먹게 된다.

경제가 좋은 나라에서는 고기, 생선, 계란, 우유 등을 많이 먹게 된다. 그래서 비만과 고혈압, 당뇨병 등이 많이 발병하게 된다. 경제가 좋지 못한 나라에서는 현미, 통밀, 채소 등을 먹게 되어 비만, 고혈압, 당뇨병 등이 적게 발생된다.

부모가 바른 식생활을 전통적으로 해오면 자손은 건강하면서 바른 생각을 가질 수 있다. 현대인의 식생활은 맛에만 치우처서 자기가 먹고 있는 식생활이 잘못된 것을 모른다. 맛만 있다면 이것 저것 가리지 안고 과식하게 되면 후손은 질병에 걸리거나 불행하게 된다.

제5장

음식과 건강

나의 건강은 내가 관리하는 것이지 그 누구를 바라볼 필요가 없다.

수천 년을 먹고 마시며 살다보니 이것이 인간이 살아가는 데 필연적 생활법칙으로 되어가고 있다.

추울 때는 옷을 입고 더우면 벗는다. 해가 뜨면 일하고 해가 지면 수면하면서 인간은 자연의 환경에서 음식의 지배를 받으며 생활하고 있다.

이제는 굶주려서 배를 채우려고 먹는 시대는 지나갔다. 동물성 식품이 건강에 도움이 되지 않거나 오히려 건강을 해친다면 우리는 식생활을 근본적으로 바꾸어야 한다. 스님들이 육식을 하지 않아도 건강하게 살고 있는 것은 콩 등의 다른 식품과 잘 조화되고 있기 때문으로 생각된다.

내가 먹는 음식이 내 몸에 좋은 것인지, 나쁜 것인지 생각하지 않고 제멋대로 맛이 있어서 먹는 것이다. 또는 남들이 먹으니까 습관적으로 먹고 마시는 것이다. 그러다보면 질병도 올 수 있고 정력도 허약하여지는 것은 물론 문명도 퇴화하는 것이다.

1

건강과 질병

우리의 자손은 부모로부터 유전 받은 질병이 잠재되어 있다가 잘못된 식생활과 환경의 영향으로 면역력이 약해졌을 때 유전병이 나타난다. 이것은 누구를 원망할 수도 없으며 책임을 전가시킬 수도 없다.

영양학적으로 건강을 위하여 올바른 식사는 분명 있다. 육류 등의 동물성 음식을 먹게 되면 포화지방산으로 혈관이 혈전으로 협소하게 된다. 그러면 영양소를 세포에 전달 못하여 질병이 생기게 된다. 또, 미세먼지, 환경호르몬 등도 성인병의 원인이 될 수 있다.

현미밥에 관심을 가지는 사람은 거의 없다. 백미 밥이 먹기 편리하기 때문에 백미 밥을 선호한다. 그러나 잘못먹은 음식으로 현대병이 생길 것이라는 생각을 그 누구도 하지 못하였을 것이다. 그저 배만 부르면 만병통치약으로 알고 있다.

질병이 발생되는 것보다 당장 배고픈 것을 달래는 것이 더 시급하여 우선 배부터 채우고 보자고 한다면 환경과 음식이 적절하지 못하여 건강이 나빠질 수도 있고, 문제아가 탄생될 수도 있다.

문제아는 어버이 계통에서 없었던 형질이 갑자기 돌연변이[1]로 태어나게 될 수도 있다. 이것은 부모가 어느 환경에서 어떠한 음식을 어떻게 먹었느냐에 따라 결정된다. 왜냐하면 정자와 난자가 생성되어 한 인간이 태어나게 되는 것이기 때문이다. 어린애가 세상에 태어난 후에도 어떠한 음식을 먹으며 어느 환경에서 생활 하였느냐에 따라 한 인간의 운명이 결정된다.

또한 문제아를 정화시키는 데는 법과 교육으로 될 문제가 아니다. 오르지 음식으로 바로잡지 않고서는 건강

---

1. 돌연변이: 어버이의 계통에 없었던 새로운 형질이 갑자기 나타나는 현상

과 도의질서가 바르게 될 수가 없다. 각종 질병으로 고생하는 사람들도 좋은 음식으로 영양공급이 잘되면 예방 및 치료가 된다.

일본에서도 후타키 켄조가 쓴『왜 현미를 먹어야 하나』를 보면, "120여 년 전부터 현미식에서 백미식으로 주식문화가 변질된 후부터 국민건강이 허약하여 각기병, 폐결핵 등의 질병이 발생하게 되었으며 정부에서는 부정부패가 많아진 것도 백미로 주식이 변질된 탓이다"라는 말을 하였다.

일본과 마찬가지로 우리나라에서도 각종 질병이 많아졌다. 국가에 충성하는 사람보다 부정부패하는 사람이 많아졌다. 이 역시 백미식으로 변질된 후부터로 생각된다. 이처럼 음식과 환경은 인간을 변화시키는 데에 결정적인 영향이 있는 것이다.

한국에서 현미, 김치, 된장을 중심으로 식생활을 하였을 때는 뚱보도 마른 사람도 없이 건강한 체질을 유지하였다. 세계 3대 장수촌으로 훈자왕국, 구소련의 코오카

사스 지방, 남미의 알카밤바 지방도 뚱보와 마른 사람이 없이 건강하다고 한다.

서양 사람의 식생활로 변질된 후부터 육식, 햄버거, 피자, 콜라 등의 음식을 많이 먹고 있다. 이로 인해 성인병 및 어린애들의 비만증환자가 많이 발생되어 국민 건강을 위협하고 있다.

육식을 많이 먹는 민족일수록 동물의 습성에 의하여 늘 불안한 생활을 하는 것은 물론 동물을 살상하여 먹고 있으니 언젠가는 인류도 영양불균형으로 암, 고혈압, 뇌졸중 등의 업보를 받게 될 것으로 생각된다.

현마는 건강면에서 보더라도 한 끼에 150g의 백미밥과 육식 등 여러 가지 반찬을 곁들여 먹었을 때보다 한 끼에 120g의 현미밥과 간단한 반찬으로 식사를 하는 것이 더욱 건강하다.

백미식을 하게 되면 많은 양의 반찬을 먹게 된다. 그래서 소화시키느라 몸과 마음이 늘 피곤하여 수면을 많이 하고 휴식을 많이 해야 한다. 현미식을 하게 되면 적은 양의 음식을 먹어도 각종 영양분이 골고루 함유되어 있다. 그래서 소식과 충분한 영양분으로 더욱 건강해지고, 심신이 편안한 생활을 할 수 있게 된다.

◇ 세계 장수촌. 첫째 훈자 왕국

훈자 왕국은 파키스탄 북쪽 카라코룸 산맥의 남쪽 기슭에 위치한 인구 2만 5천여 명으로 지구에서 가장 작은 왕국이다. 길이 100마일 넓이 1마일의 면적에서 살고 있는 지상의 낙원이다.

식물성 천연음식으로 보리, 통밀, 기장, 메밀, 수수, 콩 등을 먹는다. 여름에는 캬베쯔, 완두콩, 시금치, 감자, 당근, 순무, 토마토, 가지 등을 먹는다. 겨울에는 살구, 포도, 오디 등의 건조과일 등을 먹는다. 가끔은 약간의 고기와 포도주를 먹으면서 일찍 자고 일찍 일어난다. 식사는 낮과 밤 두 번 먹는다고 한다.

이 나라의 국민은 90세의 노인들도 청년이나 다름없이 몇 마일을 걸어서 밭에서 일을 한다. 그래도 피로를 모른다고 한다. 뚱뚱보도 살찐 사람도 없다. 암, 당뇨병, 고혈압, 심장병 등의 환자가 없다. 12개의 병상이 있는 병원이 하나 있다고 한다. 약국도 없다고 한다.

정미소도 제분소도 없어서 보리, 통밀을 맷돌로 갈아서 빵을 구워 먹는다. 이 나라 사람들은 근면하고 선량하고 건강한 것은 육식, 화학조미료, 설탕, 청량음료 등을 먹지 않고, 가공하지 않은 식물성 음식만 먹기 때문인 것으로 생각된다.

◇ 세계 장수촌 둘째. 구소련의 코오카사스 공화국

이 지방 식사는 육류는 아주 적게 먹는다. 콩, 보리, 밀, 감자, 채소, 발효유 등을 먹는다. 엘비스 산에서 흘러나오는 물을 식수로 사용한다. 병원과 약국이 별로 없다. 물과 흙을 개어서 만든 찜질방에서 물리 치료를 하고 있다.

압카시아 지방에서는 10만 명 중 100세 이상 노인이 60명이다. 남 오세덴스카야 지방에서는 10만 명 중 100세 이상 노인이 103명이다. 이제루바이쟌 지방에서는 10만 명 중 100세 이상 노인이 84명이라고 한다.

◇ 세계 장수촌. 셋째 남미의 빌카밤바 지방

이 지방의 공통된 음식은 육식을 먹지 않거나 조금씩 먹는다. 주로 감자, 옥수수, 보리, 밀, 콩, 귀리, 바나나, 포도 등과 채소를 먹으며 80세가 넘은 사람이 열심히 일한다. 10만 명 중에 100세 이상 노인이 1,100명이다. 건장한 체구를 가졌다. 발카밤바에서 최고 고령자인 카루피오와 에라조가는 121세라 하며 100세가 넘는 애아버지도 있다고 한다. 질병과 범죄가 거의 없고 처음 만난 사람과도 쉽게 친절해진다고 한다.

음식과 건강

음식물을 섭취하여 탄수화물, 단백질, 지방질, 비타민, 미네랄, 섬유소 등 6대 영양소를 흡수한다. 그러면서 성장하고 낡은 조직을 재생하여 생명을 유지하게 된다. 또, 불필요한 부산물은 신체 밖으로 배설하면서 신진대사를 하고 있다.

문명이 발전하면서 좋은 음식이 솟아지고 있으며 또한 먹어서는 안 되는 음식도 있다. 안 좋은 음식을 먹다 보니 인류의 체질, 성격, 생김새도 변하게 된다. 물론 질병까지 만연하여 현대의학으로 치료하면 또 발생하는 악순환이 연속되고 있다. 그러나 인류는 좋는 음식을 찾기 위하여 부단히 노력하다 보니 결국은 낟알과 과일, 채소라는 것을 알게 되었으며 이 세 가지는 필연적으로 섭취하여야 인류가 건강해지는 것은 물론 성욕이 왕성하여

지면서 문명이 발전할 수 있으며 사람과 이별할 때 슬퍼지는 것이다. 그러나 인류는 아직까지도 낟알(현미 통밀)의 중요성을 알지 못하고 백미밥과 흰 밀가루 음식을 주식으로 하고 있다.

사람의 신체를 자동차로 비유하면 휘발유가 고갈되면 당장 그 자리에서 멈추고 모든 기능이 마비된다. 사람도 음식을 먹지 못하면 체온이 저하되어 죽게 된다.

자동차가 휘발유를 가득 채워져서 운행을 한다고 하였을 때도 엔진오일, 구리스, 물 등의 필수품 중 하나만 고갈되어도 자동차는 움직일 수 없이 고장 난다. 사람도 탄수화물, 단백질, 지방질의 3대 영양소가 많이 축적되어 있었도 비타민, 미네랄, 섬유소 등 1~2가지만 고갈되어도 질병이 발병하게 되는 것이다.

백미, 흰 밀가루, 화학조미료, 설탕, 정제된 소금 등의 오백사가 불안전한 식품인 줄 알면서도 즐겨 먹고 있다. 이같은 잘못된 식생활로 정착되고 있다. 이것은 현대의학의 잘못된 생각으로 육식을 먹어야 건강에 좋다는 생각 때문이다.

육식은 신체에 도움이 될 수도 있다. 그러나 가급적이면 안 먹는 것이 도움이 될 수도 있다. 불교 스님들은 육식을 안 먹어도 장수하고 있다.

다시 말하지만 인류는 곡식, 채소, 과일을 먹어야 한다. 백미, 흰 밀가루, 육식, 화학조미료 등의 불안전한 식품을 먹으면 각종 질병과 뇌신경이 혼택하여 부정부패를 저지르는 것이다.

육식을 하는 동물들이 늘 불안하고 초조한 생각으로 사방을 경계하듯이 육식을 한 인간도 성격이 동물화되어 쉽게 흥분하고 판단력이 저하된다. 그래서 배타적이고 이기적이게 된다. 나아가 혈액이 산성화되어 각종질병에 잘 걸리게 된다.

그러나 초식동물인 소, 말, 양, 사슴, 토끼 등의 동물은 늘 편안한 마음으로 평화로운 생활을 하고 있다. 이것은 오르지 "그 동물들이 무엇을 먹고 살았느냐?"에 따라 달라지는 것이다.

　인간은 자연적인 음식인 현미, 통밀, 채소, 과일 등을
먹으면 절대 과식하지 않게 된다. 질병의 예방, 치료는
물론 정신적으로도 안정할 수 있다. 인간의 잘못된 지혜
로 백미, 흰 밀가루, 육식, 화학조미료, 설탕, 정제소금
등을 먹게 되면 문제가 발생한다. 즉, 상승작용에 의하
여 과식하게 되어 비만과 각종 질병이 발생하게 되는 것
이다.

3.

현미식으로 건강하여졌다

필자는 1980년 8월 30일 미국에 이민가서 텍사스 주 갈베스톤에 있는 해양수산 연구소에서 근무하였다.

그러나 밥을 할 줄 몰라서 주위에 사는 교포한테 문의 하여 전기밥솥을 구입하고 마켓에서 장조림용 소고기와 간장을 구입하였다. 그래서 물을 더 붓고 심심하게 한 장조림을 만들어서 먹어 보니 나의 식성에 딱 맞는 음식 이었다.

장조림은 1주일 먹을 것을 한 번에 요리하여 냉장고에 넣어두고 식사할 때마다 작은 냄비에 끓여서 식사를 하 너무 간편하고 맛이 좋았다.

이렇게 맛있고 간편한 식사를 하면 되는데, 왜 골치 아프고 시간 낭비하면서 여러 가지 반찬을 만들기 위하여 매일 지지고 볶아서 식사하는지 이해가 가지 않았다.

그러나 5~6개월이 지난 1982년 3월부터 그렇게 맛이 좋았던 식사도 먹기가 싫었다. 먹어도 전연 소화가 되지 않았다. 억지로 우유, 연유, 미음(죽) 등을 먹어도 토했다.

종합병원 몇 곳에 가서 7~10일씩 입원하면서 종합검진을 하였으나 병명이 나오지 않았다. 의사는 위장이 조금 이상이 있으니 연유를 조금씩 먹어보라고 말했다. 그러나 연유를 먹어도 백미죽을 먹어도 토하기만 하였다.

3~4개월을 약하고 물만 조금씩 먹었더니 몸뿐만 아니라 피부도 다 말라서 뼈만 남은 것 같았다.

며칠이 지나서 같은 교회에 나가던 집사님이 찾아와서 한국의 유명한 의학박사가 교회에 와서 건강 세미나를 하고 진찰도 한다고 하니 가자고 했다. 집사님의 부축으로 교회에 가서 강의를 듣고 진찰을 했더니 현미밥을 먹으라는 것이다.

그래서 죽물도 못 먹는다고 하니까, 박사님은 현미를 구하여 밥을 지어 냉장고에 넣고 조금씩 껌 씹듯 먹어 보라고 했다. 말 같지도 않아서 괜히 왔다는 생각이 들었다.

교회 집사님이 현미를 구하여 밥을 지어 냉장고에 넣어 주면서, 정사영 박사님 말씀대로 조금씩 양을 늘려가면서 식사를 하였다. 그렇게 3~4개월 먹으니 건강이 거의 회복되어 신기하고 기적이라는 생각까지 했었다.

필자는 몇 년이 지난 후 일본 서적『현미혁명』의 이시다 에이완 저서에서 "3개월쯤 된 딸이 분유나 미음 물을 억지로 먹이면 거부반응으로 경련을 일으키면서 먹은 것을 토했다. 그러나 현미죽 물은 2~3일 정도 먹여도 토하지도 않았다. 그래서 점차 양을 늘리며 먹였다. 그랬더니 딸의 몸에서도, 표정에서도 점차 생기가 생기고 건강해졌다"는 내용을 읽었다.

몇 달이 지난 뒤에 정사영 박사님을 만나서 그간에 있었던 말을 하면서 박사님 말씀을 듣고 죽음에서 살았다고 말했다. 그랬더니 정 박사 말이 "Mr. 전은 병이 위중하였기 때문에 내 말대로 현미를 먹어서 완쾌 되었다. 그러나 병으로 고생을 해보지 않은 사람들은 아무리 말을 해도 듣지 않으니 답답하다"는 것이다.

"강의할 때는 150여 명이 모두 현미식을 하겠다고 결심한 것 같다. 그러나 집에 가서는 현미식을 하는 사람이 한두 사람밖에 안 된다"는 것이다.

"그러니 강의를 안 할 수도 없고 하기도 그렇다"고 하면서 "일본에서 몇 년 전부터 먹기 편리하고 부드러운 현미가 개발되었다는 말이 있었다. 그러나 아직도 감감 소식이니 Mr. 전이 연구해보라"고 하셨다. 그래서 나는 "박사님, 일본같이 공업이 발전된 나라에서도 못하는데, 저보고 어떻게 해보라고 하시느냐"고 반문했다. 그랬더니 "Mr. 전은 모르는 소리야. 에디슨은 학력이 좋고, 경험이 있어서 유명한 발명가가 되었는지 아느냐"고 하였다.

'일본에서는 압맥을 밥하기 편리하고 식사하기 편리하게 제조하여 발명특허를 등록받았다. 그런데 현미는 왜 가공이 되지 못하고 있을까?' 하는 생각이 들었다.

집에서 실험할 수 있는 조그만 기계를 만들어서 매일 연구를 하였다. 그러나 역시 쉬운 일은 아니었다. 압맥의 보리쌀은 점착력이 있기 때문에 수증기에 침수했다가 압연하면 납작하게 된다. 그러나 현미는 점착력이 없는 데다 강질의 피막이 있다. 그래서 침수한 현미를 압연하면 가루가 되고 수증기로 쪄서 압연하면 롤러에 붙어 버린다. 수증기로 쪄서 건조한 현미는 피막이 파괴되지 않는다. 그래서 탄력성 있는 현미 피막은 압연 됐다가 다시 복원되는 어려움이 있었다. 그래서 일본에서도 제품화되지 못하는 것을 이해할 수 있었다.

4.

낟알(통곡물)과 인류

현미식이 건강에 유익하다는 것은 천하가 다 아는 사실이다. 그러나 아무리 현미식을 하려고 해도 도저히 먹을 수가 없다는 사람이 대다수다. 지나가는 사람 10 사람, 100 사람에게 물어봐도 현미가 몸에 좋다는 것은 알지만, 껄끄럽고 80번 이상 씹어야 한다고 하는데, 어떻게 80번을 씹느냐고 반문하기도 한다.

잘 씹히지 않은 현미밥은 소화가 잘 되지 않아서 대변 볼 때 그대로 나온다는 것이다. 4~5살 된 어린이들은 말할 것도 없이 대부분 소화가 잘되지 않는다는 것이다.

지금까지 과학자들은 현미식과 통밀음식을 먹으면 건강에 유익하여 고혈압 당뇨병 뇌경색 비만증 등이 치료가 된다는 것까지만 알고 있다. 그러나 낟알(현미, 통밀)을 먹었을 때 질병 없이 건강하다는 것보다 더 중요한 것이 있다. 바로 두뇌가 명석하여 과학이 발달되는 것, 성욕이 왕성하여 저출산이 해소되는 것이다. 요즘은 기성세대들도 이혼을 밥 먹듯이 하고 있다. 또, 졸혼을 하여 별거생활을 하고 있다. 이것은 성욕이 퇴화된 것이다. 또한 애정이 없어 부모형제들이 사망하였을 때 슬픈 것을 모르고 있는 것을 과학자들은 아직도 원인을 찾지 못하고 있다.

여기서 하나님의 섭리를 살펴보기로 한다. 몸에 상처가 나면 아프다. 즉, 몸에 상처난 것을 모르면 혈액부족으로 죽을지 모르기 때문에, 상처에 고통을 주어서 빨리 치료하라는 신호인 것이다.

변절기에 갑자기 찬바람을 흡입하게 되면 폐에 이상이 생긴다. 그래서 콧물로 콧구멍을 막아서 찬바람이 폐에 들어가는 것을 막아준다. 그래도 찬바람을 계속 흡입하여 체온이 저하되면 다음에는 몸을 움직이지 못하게 몸살을 앓게 한다.

긴장을 할 때는 전신의 에너지가 두뇌로 집중한다. 그래서 진동(떨림)시켜서 체온을 높이기도 한다. 겨울에 소변을 보면 갑자기 떨린다. 이것은 배 속에 들어 있는 37℃의 소변 1리터 정도가 한 번에 빠져 나오기에, 몸을 진동시켜서 체온을 조절하기도 하는 것이다. 이것은 하나님의 오묘한 섭리인 것이다.

현미밥을 완전히 씹지 않고 식사하면 소화가 잘되지 않는다. 그러면 건강에 해롭다. 그래서 씹지 않은 현미밥을 못먹게 하는 하나님의 섭리인 것이다. 이렇듯 하나님의 섭리는 인간이 미처 생각하지 못한 것까지 계획된 오묘한 배려가 있는 것이다.

현미밥 먹을 때는 여러 반찬 없이 간단한 현미식을 하였었도 고혈압 당뇨병 비만환자 등의 질병이 별로 없었다. 지금은 음식문화가 복잡해졌다. 그 후, 각종질병도 복잡하게 발생하고 있다. 즉, 질병에 불안하고 피곤해지고 있다.

어느 사람은 태어날 때부터 백미 밥만 먹어도 건강하

다는 사람도 있다. 그러나 잘못된 식생활에서 오는 유전자는 적응력과 저항하는 힘이 강하다. 그래서 잘못된 식생활의 결과는 1세대에서는 확실하게 드러나지 않을 수도 있다. 결국 그 체질이 유전되어 2세대, 3세대에 가서는 어떠한 질병이 나타날지 두고보아야 할 것이다.

부모도 비만증이 없었는데 자식이 비만인 경우가 있다. 이때 부모는 그 자식을 낳기 전의 식생활은 어떠하였는가를 생각해보아야 한다. 또, 자식이 태어난 후 식생활은 어떠하였는지 생각해보아야 한다. 이처럼 전에 없었던 현대병과 어린이들의 비만 등이 만연하게된 것은 분명 원인이 필연코 있다.

현미의 피막은 강질의 쌀겨 층으로 싸여 있다. 그래서 잘 씹지 않으면 소화가 잘되지 않는다. 즉, 잘 씹지 않으면 오히려 건강이 더 좋지 않을 수가 있다는 것을 인식하였다. 저자는 부드러운 현미를 개발하여 한국, 일본, 중국, 미국에서 발명특허를 받은 바 있었다. 그러나 현미밥을 먹으면 껄끄런 것이 단점이 되어 몇 년을 연구하여 부드럽고 껄끄러운 것을 해결하게 되었었다.

제6장

성(Sex) 문화

성이란 사랑하는 사람과의 자연스런 행동이다.
사랑이 없는 "Sex"는 피로하고 수치스럽고,
허무하며, 후회스럽지만.

사랑하는 사람과의 "Sex"는
존경과 믿음과 희망을 주며.
지혜와 용기로 문명이 발전하는 것이다.

성이 왕성한 사람은 성교 후에도
더욱 사랑스러워 오래오래 영원토록
아름다운 추억이 되는 것이다.

사랑하는 사람 앞에서는 순수하고,
온유하며, 선량하고, 가진 것 다 주고
싶은 것은 사랑하기 때문이다.

성이 없는 사랑은 희망도 의욕도 없이 허무하며.
급한 마음으로 "Sex"를 저질러 놓고
후회스럽고 불결한 것은 사랑이 없기 때문이다.

1.

인류의 성관계

"성이 세상사의 절반을 차지한다"는 말이 있다. 인류가 생활하면서 가장 중요한 것은 식사하는 것이다. 그 다음으로는 Sex하는 것이라 한다. 다시 말해서 인류는 배고픈 민생고를 해결하면, Sex를 하려고 한다. 그러나 대놓고 솔직히 말하면 변태 취급, 성추행, 성폭행으로 처벌을 받는다. 그래도 위험을 무릅쓰고 용기를 내어 일을 저질러 놓고는 패가망신하기도 한다.

성교할 때 오르가즘은 본능적이면서 인간문화를 창조하는 원동력이다. 그러나, 음식문화가 변질된 후부터는 육체적 쾌감을 가지려는 것이 허약해졌다. 그보다는 인간관계의 중요한 목적을 달성하기 위하여 그 순간을 가지려 해도 잘되면 사랑이고, 잘못되면 성추행이 되는 것이다.

인류가 지구에 출현한 후 수백만 년 동안은 종족을 번식시키려고 여성이 발정기 때만 성교를 하였다. 평상시에는 성교하는 것을 모르다기 BC400년(철기시대) 후부터 낟알(통곡물)을 먹기 시작하였을 때부터 성욕이 왕성해졌다. 그때부터는 평상시에도 기회만 있으면 성교를 하여 자식을 많이 낳고 문명이 번창하게 되었다.

조선시대 때에 서울역 서북쪽 2~300m 되는 곳에 염천교가 있었다. 염천교 양쪽 옆에서 비녀, 빗, 바늘, 실, 짚신 등을 팔고 있었으나 감추어 놓고 파는 것이 남근[1]이었다.

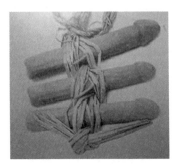

▶ 남근

그 시절에는 여성들이 집 밖 출입을 못했다. 그래서 청상과부의 삼촌이나 오빠가 남근을 구입하여 청상과부에게 주었다.

젊은 청상들은 독수공방 긴긴 밤에 끓어오르는 정욕

---

1. 남근: 목재로 만든 남성의 성기

을 참지 못했다. 회초리로 등허리를 때려도 정욕을 참지
못했다. 그래서 바늘로 허벅지를 찌르기도 하고, 인두로
허벅지를 지졌던 것은 청상과부가 낟알을 먹어서 성욕
이 왕성하였기 때문이다.

　조선시대 시골에 있는 선비가 과거 보려 한양(서울)으
로 떠났다. 서민들이 이용하는 주막집이 있었다. 양반집
에서는 주막집에서 숙박하지 않고 친분이 있는 양가집
에서 숙박을 하였다. 먼 길을 걸어오느라고 피곤하여 곤
히 잠을 자고 있을 때, 방문을 슬며시 열고 주인집 청상
과부가 들어와 성교를 하려 한다. 초립동이 선비가 긴장
하여 성교를 이루지 못하고 마당 옆에 있는 뒷간(화장실)
에 가서야 성기가 일어나니 성기를 손으로 때리면서 "이
못된 놈아! 지당동 부당동(至當動不當動)이요, 부당동 지
당동(不當動至當動)이다(마땅히 일어나야 할 곳에서는 안 일어
나고 일어나지 않을 곳에서는 일어난다)!"라는 야사도 있다.

　20세기(1960년)까지도 학교에서는 남녀가 각각 다른
반에서 공부를 하였다. 교회 성당에서도 남녀가 각각 따
로 앉아서 예배를 보았다.

전북 김제군 금산면 금산리에 있는 금산교회는 1908년에 설립되어 전북문화재 136호로 지정되었다.

전북 익산시 성당면 두동리 385-1에 있는 두동교회는 1929년에 설립되어 2002년 4월 6일 전북 문화재 179호로 지정되었다.

두동교회는 ㄱ자형으로 남녀가 서로 얼굴을 볼 수 없게 칸막이가 있다. 건물 한쪽은 남자석, 다른 한 쪽은 여자석으로 하고 있다. 중앙 앞에서 목사님이 설교를 하였다. 출입문도 각각 따로 있었다. 이것은 남녀가 마주보면 성적 충동을 가질까봐 남녀유별의 전통을 지키게 했던 것이다.

▶ 전라북도 익산시 성당면 두동리에 있는 두동교회. 남녀 신도가 서로를 보지 못하도록 'ㄱ'자로 설계되어 목사가 앞에서 설교한다.

▶ 전라북도 김제시 금산면 금산리에 있는 금산교회에는 남녀가 같이 앉아서 예배를 못 보게 되어 있다.

※ 성경 요한복음 8장

4절 예수님 이 여자가 간음하다 현장에서 잡혔습니다.

5절 모세 율법에 이런 죄를 범한 여자를 돌로 쳐 죽이라고 하였는데 예수님 생각은 어떻습니까?

7절 너희 중에 죄 없는 사람이 먼저 저 여자를 돌로 쳐서 죽이라 하시고

9절 그들은 말씀을 듣자 양심에 가책을 느껴 나이 많은 사람부터 가버리고 예수 앞에는 여자만 남았다.

11장 예수께서는 나도 네 죄를 묻지 않겠으니 이제부터는 죄를 짓지 말라고 하시니라.

15세기부터 16세기까지 200년간 유럽에서 가톨릭교와 이슬람교가 세계 역사상 최장기간 전쟁을 하였다. 이때 십자군의 병사들이 전쟁에 참여하고 휴가로 집에 와 보니 부인이 바람을 피워서 임신까지 한 것을 보고는 병사들이 전쟁터로 가지 않았다. 그때 교황 우르바노 2세는 가톨릭교 신도들에게 이슬람 전쟁에 참가하는 신도에게는 전대사[2]를 주겠다고 하였는 대도 전쟁에 참여하는 신도가 많지 않았다.

그때 고안하여 만들어 낸 것이 정조대다. 가죽이나 철제로 지금의 삼각팬티 모양으로 소·대변만 볼 수 있는 정조대[3]를 만들었다. 그래서 부인이 바람을 못 피우게 하고 남편은 자물쇠를 가지고 전쟁터로 출전하였던 역사가 있었다.

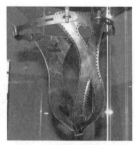

▶ 유럽과 일본에 있었던 정조대

2. 전대사: 모든 죄를 사멸하여 주는 제도
3. 정조대: 철제나 가죽으로 삼각팬티 모양으로 소 대변만 볼 수 있게 만든것

일본에서도 조선, 청나라, 러시아를 침략하기 전에는 수백 년간 내전이 있었다. 병사들이 전쟁을 하고 있을 때 집에 있는 부인들이 바람을 피웠다. 그래서 부인에게 정조대를 착용시키고 열쇠를 가지고 전쟁하러 갔었던 역사가 있다.

필자가 2,000년경 일본 "나라" 박물관에서 정조대를 보면서 안내하는 교포에게 물었다. "만약 병사가 전쟁하다가 전사하면 아내에게 채워진 정조대를 죽을 때까지 착용하는지 아니면 누가 끌러 주느냐?" 질문하였었다 그 교포의 답변은 "아직까지 그런 기록은 찾지 못하였다"는 것이었다.

2.

음식과 성문화

BC1만 년(신석기시대)경부터 곡식을 조금씩 먹으면서 두뇌가 명석하여 발전하게 되었다. 이성에 대한 성감이 있어 부끄러운 것을 알게 되었다. 그래서 옷을 만들어 입게 되었다. 『성경』에서는 하와가 선악과를 먹은 후 무화과 잎으로 음부를 가리었다고 전하고 있다.

철기시대(BC4세기)부터는 농경문화가 발달되었다. 쌀, 밀, 조, 옥수수, 피, 수수, 보리 등을 절구, 디딜방아 등으로 찧어 먹었다. 그 후부터 성욕이 왕성해졌다. 그래서 자식을 많이 낳고 문명이 발전하고 애정이 왕성하게 되었다.

그러나 1900년 후부터 현미가 백미로, 통밀이 흰 밀가루로 음식문화가 변질되었을 때부터 성욕이 점점 퇴화되었다. 그래서 젊은 세대들은 학업에 치중하지 않고 오락, 여행 등을 즐겼으며 문명이 퇴화되어 이성 간에 그리움이 없어 결혼을 하지 않고 있다. 그래서 인구가 감소하고 있다.

그러나 통곡물을 먹었던 중년 세대들은 전쟁 중에 피난가면서 또는 내일 아침거리가 없어도 성교를 하였다.

또한 설문조사에 의하면 100세 이상의 할아버지들은 제삿날과 감기 몸살이 걸렸을 때를 제하고도 일생 동안 3,000번 이상 성교를 하였다고 한다. 그 시절에는 조상들이 현미와 통밀을 주식으로 하였고 본인들도 중년까지 현미, 통밀을 주식으로 하였을 때였다.

80대 이하의 할아버지들은 현미, 통밀을 주식으로 하지 못했다. 그러나 조상들이 현미, 통밀을 주식으로 하였다. 그래서 그 유전자를 받아 2,000회 정도의 성교를 하였다. 50대 이하에서는 조상들과 본인들이 현미, 통밀을 주식으로 하지 못했다. 또, 백미, 흰 밀가루가 주식으로 변질되었다. 그래서 50대 이하에서는 성교 횟수가 줄

어서 1,000번이 안 될 수도 있다. 그러나 그것도 "비아
그라(Viagra)"가 있기 때문이다. 비아그라가 없었다면 몇
번의 성교가 있을지 아니면 아예 성교를 하지 않았을지,
예측할 수 없다. 동물들은 발정기 때만 성교를 하는 것
과 별로 다를 바가 없을 것이다.

◇ **사람의 성교 횟수**(자료: 설문조사)

주　식	성교 회수	비　고
조상과 본인이 현미 통밀이 주식	3,000회 이상	100세 이상노인
조상은 현미 통밀이 주식 본인은 백미 흰밀이 주식	2,000회 정도	80세 이하노인
조상과 본인이 백미 흰 밀가루가 주식	1,000회 이하	50세 이하 세대

현미가 주식인 동양의 경우와 통밀가루가 주식인 서양
의 경우도 성교 횟수는 동일할 것으로 추측된다.

젊은 세대들도 성욕이 퇴화되어 가고 있다. 그래서 자
구책으로 비아그라에 의존하여 성교를 하고 있다. 그러나
근본적으로는 옛날 BC4세기(철기시대)경으로 돌아가서 날
알을 주식으로 하여야 저출산의 문제가 해결될 것이다.

현대 젊은 세대들은 낟알(통곡물)을 주식으로 하지 않는다. 그래서 성교할 때 짜릿한 쾌감을 못 느끼게 되었다. 그래서 아예 연애도, 결혼도 하지 않으려고 한다. 그저 맛있는 것이나 배불리 먹고 오락, 여행 등을 하며 편안하게 독신생활을 하려고 한다. 이것은 분명 원인이 있는 데도 현대 의학에서는 아직까지도 원인을 찾지 못하고 있다.

3.

낟알과 성욕

하나님이 주신 낟알을 먹은 후부터 남녀는 성욕이 왕
성해졌다. 그러나 하나님이 주신 낟알을 BC 4세기(철기
시대)부터 1900년까지 낟알을 먹었을 때 성욕이 왕성하
여 자녀를 많이 낳았다. 또한 여성들은 마음에 드는 남
성과 좌석을 같이 앉거나 외간남성들을 바라보거나 음
성만 들어도 애액4이 분출하고 있으며 남성 역시 여성과
좌석을 같이 앉거나 외간여성을 바라보거나 음성만 들
어도 성기가 2~3배로 확장하면서 성교를 하였다. 남녀
모두가 성욕이 왕성하였던 것이다. 그래서 옛날부터 남
녀가 7세가 되면 한자리에 같이 있어서는 안 된다는 말
도 있었다. 한국에서는 1900년경까지도 여성들은 밖에
외출을 못했다. 집에서 어린애를 보살피면서 살림만 하

---

4. 애액: 성관계를 할 때 여자의 질에서 나오는 액체

였었다.

또한 유부남이 다른 집 유부녀와 간음(姦淫)하여 사회를 혼란스럽게 한다 하여 간통죄를 제정하기도 하였다. 그래서 권위 있는 남성들은 여러 명의 여성들을 후처로 거느리고 있었다. 여성들도 남성을 그리워하였기 때문에 후처가 되었던 것이다. 이는 남녀가 성욕이 왕성하여 기회만 있으면 쾌락을 느끼고자 한 것이다. 근세에 와서는 음식문화가 현미가 백미로, 통밀가루가 흰 밀가루로 변질된 후부터 이성의 성감이 느슨해졌다. 그래서 공동생활을 하면서 남녀가 껴안아도 아무런 성감을 못 느낀다. 그것은 남녀가 성욕이 허약해지기 때문에 결혼조차 안하고 독신생활을 하려는 사람들이 많아지고 있는 것이다.

육식과 초식을 하는 470여 종류의 범, 사자, 늑대, 고양이, 코끼리, 개, 양, 소, 말, 토끼 등의 모든 동물들은 발정기 때만 성교를 한다. 즉, 그때만 종족을 번식할 수 있다. 그러나 인류는 낟알을 주식으로 하여 성욕이 왕성하고, 문명이 발전하고, 애정이 왕성하게 되었다. 이것

은 인류에게만 주어진 하나님의 특혜였다. 그러나 낟알
이 백미와 흰 밀가루로 변질된 후부터 다른 동물처럼 성
에 관심이 적어지게 되었다.

부부 관계

인류는 1만 년(신석기시대) 전까지 주거지가 없이 바위 틈과 동굴에서 집단적으로 거주했다. 옷을 입지 않고 생활하면서 음식문화까지 열악하여 인류가 멸종될 위험도 있었다.

그러나 4세기(철기시대)를 지나면서 문명이 발전되면서 각종농기구로 농토를 개척하여 낟알(통곡물)을 주식으로 하였다. 그때부터 성욕이 왕성하여 인구가 증가되었다. 그러나 19세기부터 현미가 백미로, 통밀이 흰 밀가루로 음식문화가 변질되었을 때부터 여성들은 미니스커트, 배꼽티 등을 입으면서 신체를 노출시키려 하는 것은 마치 원시인들처럼 성욕이 퇴화되어 옷을 홀렁 벗으려 하는 것이다. 남성들도 역시 성욕이 퇴화되었다. 그러나 여성보다는 옷을 덜 벗으려 하는데 이는 여성보다 성욕이 덜 감소되었기 때문이다.

만혼, 비혼, 졸혼 등의 현실이 세계적으로 심각한 문제가 되고 있다. 이것은 말할 것도 없이 음식문화가 변질되어 성욕이 퇴화되었기 때문이다.

미래(未來)의 음식문화가 개선되지 않으면 1세기(100년) 안에 사회구조에 얽매지 않고 원시인이나 동물들처럼 옷을 벗고 생활하게 될 것이다. 문명, 성욕, 애정 없는 생활을 하게 될 것이며 젊은 세대들도 약혼식, 결혼식 등의 복잡한 문화가 없어지게 될 것으로 생각된다.

▶ 부부간의 인연

5.

간통죄

옛날 중동에서는 간통을 하면 남자는 처벌하지 않고 여자만 처벌하는 율법이 있었다. 그것은 남성보다 여성이 간통을 더 원하기 때문이다. 한국에서도 1905년부터 간통죄의 형사법을 재정하여 시행했다. 그러다, 2015년 2월 21일 110년 동안 시행하였던 간통죄가 폐지되었다.

20세기 초부터 식생활이 변질된 후부터 남녀가 상면해도 이성의 성감이 느슨해졌다. 그래서 간통죄가 폐지하게 된 것이다. 이것은 음식문화가 변질되어서이며 이제는 남녀가 사랑을 하고 성교를 하여도 간통죄가 역사 속으로 사라지게 되었다.

조선시대까지도 여자들이 부득이하게 밖에 외출할 때는 남자들이 보지 못하게 머리에 키 모양의 왕골로 만든 모자를 쓰고 외출했다.

또는 여자들은 밖에 나올 때는 친척들과 같이 동행하기도 했다. 여성들이 집 밖에 나가

▶ 왕골로 만든 모자

서 남성을 만나면 성감을 느끼기 때문이었다. 그러나 지금은 남녀가 악수하고 포옹해도 성감이 퇴화되어 성감을 못 느끼고 있다.

그러나 음식문화가 변질된 후로는 학교, 직장, 교회, 군부대 등에서 남녀가 부담없이 공동생활을 하게 되었다. 어떻게 보면 편리하게 생각할 수도 있다. 그러나 장기적으로 보면 결혼, 출산 등의 저출산과 문명(文明), 애정(哀情)이 퇴화되는 것은 역시 음식문화가 변질된 탓이라 할 수 있다.

현대사회에는 성감이 느슨하여져서 남녀가 만나서 SEX할 생각을 잘 하지 않는다. 그보다는 오락, 음악, 여행 등을 하며 편안하게 산다. 그러다 보니, 결혼을 기피하게 되며 저출산이 되고 있다.

옛날 여성들은 겉으로는 내색을 안 해도 너무 성욕이 왕성했다. 그래서 소파수술(G.N.C)과 피임약이 없을 때도 목숨을 걸고 간음을 했다. 그래서 남편이나 동네사람들에게 발각되면 죽도록 얻어 맞고 보따리 하나 못 챙기고 쫓겨나서 친정에도 못 들어가고 식모살이 등 처참한 생활을 했다.

그 시대는 남녀가 성이 너무 혼탁하여 만나기만 하면 불붙기 때문에 뻔이라는 신조어가 생겼다.

그때는 다양한 풍속들이 있었다.
- 남녀7세 부동석: 남녀가 7세가 되면 한 좌석에 앉지 말라는 것
- 남녀유별(男女有別): 남녀 사이에 분별이 있어야 한다는 것
- 내외: 외간남녀가 서로 얼굴을 마주 대하지 말고 피하는 것
- 복상사: 성교를 하다가 여자 배 위에서 심장마비로 갑자기 죽는 것
- 상사병: 이성을 그리워하다 못 잊어서 나는 병
- 짝사랑: 남녀 사이에서 한쪽만 상대편을 사랑하는 일

· 정조대: 여자에게 성교를 못하게 만든 도구

· 간통: 배우자 있는 사람이 다른 사람과 성관계를 하는 것

· 기둥서방: 과부나 기생집에 들어와 함께 사는 남자

그러나 이제는 이 풍속들이 국어사전에서 사라지게 될 것이다.

난알을 먹을 때는 성욕이 너무 왕성했다. 그래서 여자들은 집에서 어린애를 키우고, 음식 만들어 가족들이 건강하여지는 것이 주부들의 주된 임무였다. 그러나 19세기부터 주식문화가 변질된 후 성욕이 퇴화된 것은 물론, 애정(哀情)까지 퇴화되어 부모가 사망하여도 슬픈 것을 모른다. 문명도 퇴화되어 학생이나 기성세대들도 노력을 하지 않고, 오락, 노래, 춤, 여행, 술, 담배 등으로 즐기고 있다.

6.

성범죄 하는 사람

인류가 살아간다는 것은 너와 나라는 사회적 관계 속
에서 살아가는 것이다. 가정, 교회, 단체 활동 어느 곳에
서도 교제를 가지려고 먹고 마시다 보면 자연스럽게 사
랑, 우정, 신뢰 등의 친분이 생긴다. 그렇게 관계가 성숙
하면서 연애하고 결혼도 한다.

세계 여러 나라에서도 마찬가지지만 한국에서도 일부
일처(一夫一妻)가 확립되었다. 그러다 보니 다른 여자들
과 성폭행을 하여 도지사, 국회의원, 장성, 교수, 성직자
들이 퇴직하고 구속되는 사례가 빈번하고 있다.

남성들은 여성들의 유혹에 빠져 성폭행에 걸리지 않게
몸조심하는 것이 우선이다. 여성들도 남성의 꾐에 빠져
서 패가망신하는 일이 없어야 할 것이다.

현 세기에는 옛날 남녀유별의 사회풍습이 사라졌다. 남녀가 혼동(뒤섞음)되어 남자가 해야 할 일을 여성이 하고 있다. 여성이 해야 할 일을 남성이 하고 있다. 이처럼 사회생활의 질서가 혼란스럽게 되고 있으니 미투(성추행)가 성행해지는 것이다.

옛날 일부일처주의가 없을 때는 조선 역대 왕들도 후궁이 평균 5~6명 있었다. 권력과 재력이 있는 지도층 인사들도 후처를 두었었다. 또한 조선시대 궁중 법도가 엄하여도 미투를 막을 수가 없었다. 궁궐에 종사하는 남성들을 내시(內侍)로 만든 역사가 있었다. 그 시대의 풍습이라기보다도 남녀 간에 성질서가 문란하였던 것은 남녀 모두가 성적인 감성이 왕성했기 때문이다.

지난날에는 남성들이 권력(權力), 재력(財力) 등을 이용하여 Sex를 하면 여성의 모든 것을 정복(征服)한 것으로 인식하였다. 여성들도 Sex를 하는 순간부터 여성의 운명(運命)이 결정되어 남성의 뜻에 따라 순종하였다.

그러나 현시대의 여성들은 Sex를 하여도 마음에 들지

않으면 미친 개에게 물린 것으로 생각한다. 미련도 후회도 없이 헤어진다. 성폭행을 당하더라도 속으로 삼켜야 했다. 말하면 인생이 완전히 끝난다고 여겼었다. 그러나 현대 여성들은 더럽혀진 성폭행보다 권리를 찾아서 가해자에게 복수하여 분풀이를 하려고 한다.

현시대 남녀들은 혼동되어 생활한다. 이것도 부족하여 여성들은 히프까지 올라오는 미니스커트를 입고 여성의 중심부만 가리고 있다. 또, 배꼽티를 입고 유방을 노출시키고 있다. 또, 화장을 짙게 하면서 율동까지 한다. 이것은 성적 자극을 하여 남성을 유혹시키기 위한 것이라 생각할 수 있다. 이러한 전략에 안 걸려드는 남성이 있겠는가? 여성들이 성폭행을 당하였다고 말하기 전에 남성들이 여성의 꾐에 빠지지 않도록 해야 할 것이다.

"여성의 치마가 짧아지면 남성의 지갑이 줄어든다"는 말이 있다. 여성들은 병주고 약주는 격으로 여성들의 원인제공 덫에 걸리어 유명 인사들이 퇴직되고 형무소까지 가게 되는 것이다. 사회질서가 엄하여 미투가 조금은 완화될지는 모르지만 근절시킬 수는 없는 것으로 생각된다.

◇ 근간에 유행되는 시를 하나 읊어 본다
진달래가 벌에게 당했다고 하니

민들레도 나비에게 당했다고 말했다

그러자 매화, 산수유, 복숭아, 살구, 자두들이 떼를 지어

나두! 나두! 당했다고 아우성을 쳤다

드디어 그 해 과일 나무들이 열매를 맺지 못하고 흉년

에 빠졌다.   – 미투(Me Too) 저자 임보

미투에서 남성들을 벌과 나비로, 여성들을 진달래, 민

들레, 매화꽃으로 묘사하여 독자들을 쉽게 이해시켰다.

진달래, 민들레 등은 벌과 나비에게 당했다고 하는 것

보다는 화려한 꽃과 꿀을 미끼로 벌과 나비를 유혹하는

것이다. 여성들이 육체를 노출시켜서 남성들을 유혹시키

는 것과 다를 바가 없다.

벌과 나비는 자연의 섭리에 의하여 꽃의 암수를 연결

하면서 꿀을 따오는 것이다. 인류도 상대성원리에 의하

여 서로가 주고받는 것이라 생각할 수 있다.

 사회생활을 하다 보면 여성의 아름다움을 보면 남성이 기에 황홀한 순간을 가져 보려하는 것이다. 그러나 대놓고 솔직히 말하였다가는 변태취급을 받을 수 있다. 모든 수단을 강구하여 접촉하려다 성추행의 덫에 걸리어 고위직에서 퇴직하고 형무소에 가기도 한다.

7.

피임약과 성관계

혼자 사는 청상에게는 배고픈 것은 참을 수 있어도, 임없는 것은 참을 수 없었다고 했다. 남편 없이 혼자 사는 청상과부들은 성적인 충동을 억제하는 고통이 제일 큰 고통이었을 것이다. 성교를 하려고 해도 피임약과 소파수술이 없을 때에는 임신이 두려워서 참아야 했을 것이다.

1960년 미국 시얼(Searle) 제약회사에서 피임약 "에노비드(Enovid)"를 세계 역사상 최초로 발명하여 판매하였다. 유럽에서는 1961년부터 사용하였다.

미국 여성들이 환호하였다. 그러나 미혼여성들의 순결을 위협할 수 있다는 주장이 있었다. 그래서 미혼여성에게는 판매하지 않고 결혼한 여성과 혼자 사는 여성에게만 판매하였다.

피임약은 임신에 대한 부담 없이 Sex를 할 수 있기 때문에 인류역사에서 가장 큰 혁명이라 하였다. 또, 20세기 최고 발명품으로 획기적인 약이라 평가를 받고 있다. 세계에서 약 9천만 명이 피임약을 사용하고 있으며, 인류역사상 가장 많이 사용하는 것으로 보고되고 있다.

한국에서는 1965년부터 피임약을 사용하게 되었다. 그러나 많이 사용되지는 못하였으며 1975년경부터는 피임약, 콘돔 등이 사용되고 있다.

▶1700년경 양(洋)의 방광으로 제조한 최초의 콘돔(자료=선병원)

비아그라(Viagra)

미국 하이자 회사에서 개발한 남성발기부전 치료제가 처음시장에 판매되었다. 그때 남성들은 물론 여성들까지 모든 인류가 환호하는 의약품으로 생각하였다. 석학들은 원자폭탄, 우주왕복선을 다 제치고 20세기 가장 위대한 발명품으로 비아그라를 꼽았다.

인류가 탄생할 때부터 피임약과 발기부전제가 제조되었다면 남여들의 고민도 적었을 것이다. 그러나 주식문화가 현미가 백미로, 통밀가루가 흰 밀가루로 변질된 후부터는 남성들이 발기가 잘되지 않는다. 그래서 과학계에서 발기부전 치료제를 발명한 것이 비아그라 (Viagra)이다.

비아그라가 개발되기 전에는 남자에게 성 불감증 환자

가 많아서 마음에 드는 여성을 보고 성관계를 갖고 싶어도 발기가 되지 않아 못하였다. 그러나 이제는 비아그라가 개발된 후 남성들은 발기가 잘 된다. 비아그라는 남성들의 최대 의약품으로 선정되기도 했다.

영국 정부에서는 발기부전 치료제 비아그라를 세계 최초로 18세 이상 남성이라면 누구나 의사처방전 없이 약사 상담만으로 쉽게 구입할 수 있도록 했다. 그러나 영국 퀸스 대학의 시너 루이스 박사는 "비아그라를 복용한 커플 중 임신을 하는 경우가 거의 없다"는 통계가 있다고 발표하기도 하였다. 그 이유로는 "비아그라를 복용할 경우 정자의 79%가 난자를 감싸고 있는 보호막을 분해할 수 없기 때문이다" 라는 결과가 보고되었다.

비아그라를 복용하고 출산을 높이려 하였다. 그러나 이러한 문제로 저출산 문제가 더 가중될 수도 있다. 결국 비아그라는 장기적으로는 인구 감소하는 것은 물론 문명퇴화까지 이끌 것으로 보인다.

낟알(현미와 통밀)을 주식으로 할 때는 성욕이 너무 왕성하였다. 그래서 찬밥, 더운밥을 가릴 것 없이 기회만 있으면 성교를 했다. 반면 성욕이 부실한 사람은 더운밥이라도 성에 관심이 없으니 사랑을 모르게 되는 것이다.

옛날 여성들은 성에 민감했다. 그래서 마음에 드는 남자를 만나기만 해도 자신도 모르게 생리적으로 애액(Vaginal lubrication)이 분출되었다. 그래서 자제를 못하고 남자들이 하자는 대로 어디든지 따라갔다.

어느 학자는 이렇게 말했다. "여성들은 몸 전체가 성덩어리다. 그래서 어디라도 만지거나 더듬어도 성감(性感)을 느낀다. 그래서 남성들은 여성 어느 곳이든 만지기만 해도 성추행이 되어 처벌을 받게 된다."

그러나 음식문화가 변질된 후부터 세월이가면 갈수록 여성들이 성감이 느슨해졌다. 그래서 앞으로는 원시인이나 동물들처럼 만지거나 더듬어도 성감을 못 느끼어 성추행죄가 없어지게 될지도 모른다.

2015년 2월 21일 간통죄가 대만을 제외하고 세계에서 마지막으로 한국에서 폐지되었다. 남녀가 합의하여 성교를 하면 간통죄가 되지 않는다. 여성들이 간통과 성추행을 당하는 것은 남자들이 원하기 때문에, 사정(편의)을 보아주어서 또는 호기심에서 아니면 성접대 하기 위해서 행하는 것으로 볼 수 있을 것이다.

필자가 미국에 거주할 때 캘리포니아주 말리브 비치(Malibu Beach)에 있는 해수욕장을 방문하여 해수욕장에는 들어가지 못하고 밖에서 말을 들어보았다. 이곳에서는 남녀가 수영팬티도 입지 않고 알몸으로 수영을 하고 일광욕을 한다고 한다.

미국 버지니아주 어느 교회에서는 옷을 벗고 아담과 하와처럼 알몸으로 예배를 본다고 한다.

매일경제 2017년 임형준 기자에 의하면 충북 제천시 봉양읍 학산리 묘재마을에 있는 누드 펜션에서는 대낮에 옷을 훌러덩 벗고 술을 마시며 풀장에서 놀고 있으며 나체로 배드민턴을 치고 남녀가 손잡고 아무 거리낌 없이 나란히 계곡에 들어가는 것은 참으로 편리한 세상 같지만 근본적으로는 성욕이 퇴화되어 동물들과 원시인들처럼 되어가고 있는 것이다.

2018년 1월 9일 대구 매일신문에 의하면 세계최고 대학인 미국 하버드대학에서는 기말고사가 시작되는 5월과 12월 초순에 남녀 학생 수백 명이 실오라기 하나 걸치지 않은 채 소리를 지르며 캠퍼스를 질주하는 것이 이 학교 전통행사라고 했다.

미국의 브라운대학에서도 시험기간 중에 나체로 도서관을 돌아다니며 친구들에게 도넛을 나눠주는 전통이 있다고 한다.

이 모든 해동은 성욕이 퇴화되어 권태감에서 해방된다는 것이다.

성경에서 아담과 하와는 옷을 입지 않고 맨몸으로 자연을 즐기면서 살고 있었지만 선악과(낱알로 인증됨)를 먹은 후 무화과 잎으로 음부를 가리었으며 자식을 낳았었다. 역사에서는 신서기 후부터 낱알을 조금씩 먹은 후부터 옷을 입었으며 철기시대(BC 400년) 후부터는 여성들은 집밖에 나오지 못하고 집에서 애들을 키우면서 살림

214

을 하였던 것은 성욕이 왕성하여 남자들과 간통을 하기 때문인 것이었다. 그러나 현세대(1900년 후)인류들은 동물이나 원시인들처럼 옷을 벗고 맨몸으로 생활하려 하는 것은 하나님이 주신 날알을 주식으로 하지 못하여 성욕과 애정이 퇴화되고 있는 것을 아직까지 모르고 있다.

옛날 현미, 통밀 음식을 먹었을 때는 무더운 여름에도 긴 바지, 치마 등 긴옷을 입어서 신체를 가리었다. 이는 신체를 노출시켜서 타인에게 성적인 충동을 일으키지 않게 하려는 것이었다. 또, 자신의 성적 충동을 일으키지 않으려고 옷으로 신체를 감싼 것이었다.

그러나 주식문화가 변질된 후부터는 이성의 감성이 퇴화되었다. 그래서 원시인과 동물들처럼 옷을 벗고 음부를 노출시키며 편리하게 생활하고 있다. 인류도 세월이 지나갈수록 옷을 벗고 생활하려는 것은 역시 날알을 먹지 못하기 때문인 것이다. 결국 앞으로 인류도 날알을 주식으로 하지 않으면 성에 대한 감성이 퇴화되기 때문에 모든 동물과 원시인같이 옷을 벗고 생활하게 될 것이다.

원시인들은 원숭이고기, 물고기, 조개 나무열매 풀뿌리 등이 주식이었으며 에스키모인들은 바다표범, 북극곰, 연어, 송어, 청어, 순록, 곰, 사슴 등이 주식이었다. 결국 이들은 씨 맺는 낟알을 주식으로 하지 못하여 이성의 감정이 퇴화되어 Sex하는 것도 모르고 생활한다.

◇ 2015년 미국 인구통계국의 자료에 의하면

15~34세 성인남녀 중 한번도 결혼한 적이 없는 사람의 비율은 46.3%에 달한다고 한다. 캐나다, 호주에서도 결혼한 사람보다 결혼 안 한 사람의 비율이 높아졌다고 한다.

일본에는 초식남(草食男)이라는 유행어가 있다.
연애와 성에는 관심이 없는 남자
여자 친구는 많지만 성에 관심이 없는 남자
연애나 성관계에 적극적이지 않는 남자
이성을 사귀고 싶지만 용기가 없는 남자들은 여자보다 안정된 직장을 선호하는 것이다.

중국에서는 청년 22%가 결혼이 무서워서 못한다고 한

다. 2008년 중국 사회조사 센터에서 5천명의 청년을 조사 한 결과 22.3%가 결혼공포증을 보였다고 한다. 이혼이 급증하면서 배우자에 대한 믿음이 무너지는 사회적 요인이 많아진다고 한다.

한국에서도 결혼을 하지 않은 미혼남녀의 40%가 애인보다는 반려동물과 함께 생활하는 것이 더 편안하고 사랑스럽고 행복을 준다고 한다. 이는 성감이 퇴화되어 이성의 사랑을 모르기 때문이다.

이성의 애절한 사랑이 왕성하여 서로 존경할 때는 여성들이 아름답고 사랑스러워서 결혼을 안 할 수가 없다. 그러나 성의 감성이 퇴화되었을 때는 반려동물을 더 사랑하게 되는 것이다.

어떻게 보면 시대의 흐름이라 볼 수도 있다. 그러나 매일 먹는 음식의 변화에서 오는 것이라 할 수 있는 것을 실례로 알아보기로 한다. 브라질, 페루, 파푸아뉴기니, 인도령, 알라스카, 그린란드, 시베리아, 베링해 연안 등 약 600만 명은 물고기, 조개, 작은 짐승, 코코넛

등을 먹으며 생활하고 있다. 알라스카 사람들은 해안에
서 바다표범, 북극곰, 고래, 연어, 송어, 청어가 주식이
다. 내륙에서는 순록, 사슴, 곰을 주식으로 하고 있다.
이들은 추워서 옷은 입고 있으나 두뇌가 명석하지 못하
다. 또, 성욕이 퇴화되어 사랑을 모르고 원시인의 생활
을 하고 있다.

제7장
인구 감소

1만 년(신석기) 전까지 인류는 물고기, 조개, 나무열매, 풀뿌리, 멧돼지, 여우, 토끼, 사슴 등을 주식으로 하였다. 이때는 성욕이 퇴화되고 문명이 발전되지 못했다. 원시인과 같은 생활을 하였기 때문에 인구는 증가하지 못하여 소멸 될 위험도 있었다. 그러나 1만 년(신석기) 후부터 밖에 나가서 수렵을 못 할 때는 밀, 보리, 귀리, 벼 등의 곡식을 갈판에 넣고 갈돌로 비벼서 간식으로 조금씩 먹었다. 이 때부터 두뇌가 발달되어 활, 창 등으로 사냥하여 인구가 조금씩 증가되었다.

그러다 BC400년경(철기시대)부터 농경문화의 발전으로 농기구를 제작하였다. 농토를 개간하여 낟알을 주식으로 하였다. 이때부터 인구가 증가하여 부부가 평균 5~6명의 자녀들을 낳았다. 그러나 20세기 초부터 선진국에서 인구가 감소되고 있다. 그러나 후진국에서는 정미시설이 완전하지 못하여 배아(씨눈)와 미강(겨)이 포함된 통곡물을 맷돌로 분쇄하여 죽을 쑤어먹거나 빵을 구워먹고 있기 때문에 인구가 증가되고 있다.

세계 모든 나라가 저출산 문제를 시대적 흐름으로 알고 있으며 또는 경제적 이유로 알고 있다. 저출산이 계속되면 수백년 후에는 세계가 쇠락하고 혼란스러워진다. 결국은 지구에서 인류가 사라지게 되는 현실이 될지도 모른다. 그러나 지구에서 인류가 소멸되지 않으려면 하나님이 주신 낟알을 주식으로 할 때만이 성욕이 왕성하여 인구가 소멸되지 않을 것이다.

대가족 제도

태초부터 여자들은 남자에게 의지하면서 살았다. 남자들은 곡식을 채취하고 사냥을 하였다. 여자들은 치안이 확립되지 못하여 여자 혼자 자립할 수 없었다. 그래서 남자에게 종속되면서 가정에서 아이를 키우고 음식을 만들면서 생활하였다. 이것이 예전부터 전해져온 관습이었다.

옛날에는 식량이 부족하여 늘 굶주렸다. 또, 주택문제가 정착되지 못하여 한 칸 방에서 여러 사람이 자고 있었다. 사회질서도 불안하여 안전에 위협받는 사회였다. 그래서 대가족 제도가 형성되었으며 수천 년을 무리를 지어서 생활하였다.

20세기경부터 경제적으로 풍요하고 사회질서가 확립

되었다. 이때는 핵가족에서 개인위주로 패턴이 변했다. 그래서 먼 미래를 바라보는 백년대계(百年大計)가 현실대계(現實大計)로 바꾸게 되었다. 결국 그날그날을 즐겁게 노래 부르고, 댄스하고, 오락하고, 여행하는 현실위주의 패턴으로 변하게 되어 백년대계의 계획이 사라져가고 있는 것이다.

다음 세대가 어떻게 되든 말든, 그날그날을 즐겁게 생활하는 젊은 세대들이 증가되고 있다. 결혼을 하더라도 미래를 생각하지 않고 마음에 드는 사람을 만나면 같이 생활하다가 싫어지면 부담 없이 헤어진다. 그래서 자식 낳는 것을 부담스럽게 생각하는 세대가 증가되고 있다. 이것은 경제적 이유도 아니고 또는 시대의 흐름도 아니다. 오르지 식생활의 변질로 인류가 현실대계로 변화되는 것이다.

경제발전과 시대의 흐름으로 남녀의 권리가 평등하게 되고 있다. 나아가 이제는 여성 상위시대로 변하게 되었다. 그러니 남성들은 주눅이 든다. 또, 양기까지 퇴화되고 여성들은 음기가 왕성하다 보니, 사회에서 주도적 역할을 하고 있는 것이다.

 생리적으로 남성보다 월등히 독립정신이 강인한 여성
들이 대세가 되었다. 그 결과 여성들이 대통령, 장관, 국
회의원, 판검사, 교수, 회사대표, 공무원, 학교선생 등
을 하고 있다. 즉, 거의 모든 분야에서 여성들이 많은 비
중을 차지하는 것은 물론 앞으로는 여성들이 대부분 사
회의 핵심요직을 차지하게 될 것이다. 음악교실, 헬스클
럽, 사교춤, 여행 등에서도 여성들이 대부분 차지하고
있는 것은 인류역사상 처음 있는 현실로 되어가고 있다.

이민 정책

저출산 문제의 과제를 해소하기 위하여 미국, 호주, 캐나다, 유럽 등의 선진국에서는 이민법을 활성화하고 있다. 그래서 인도, 아프리카, 중남미, 아세안 등의 후진국에서 교육받은 지식인들과 경제여건이 좋은 청년층을 이민 받고 있다.

우수한 기업을 많이 유치하는 나라일수록 부강한 선진국이라 할 수 있다. 후진국의 우수한 이민자들이 선진국 기업으로 몰리게 된다. 그러면 후진국에서는 국력이 더 쇠퇴하게 된다. 자연적으로 전 세계가 선진국으로 이민 오게 되는 현실이 발생될지도 모른다.

세계의 여러 나라는 우수한 기업을 많이 유치하는 나라가 부흥하게 될 것이다. 여러 나라에서 생산되는 농산물과 산업제품 등이 한 묶음으로 통합될 것이다. 그러면 우수한 제품을 수출하고 수입하여 세계시장은 더욱 확대되면서 치열한 경쟁이 지속될 것이다.

앞으로는 사람을 죽이며 영토를 넓히려는 전쟁은 사라질 것이다. 대신, 기업을 많이 유치하고 후진국의 영재를 많이 이민 받는 국가가 번창하여 선진국이 될 것이다. 태국, 필리핀, 인도, 우간다, 에티오피아, 파키스탄, 캄보디아, 케냐 등에서 과학기술자, 엔지니어, 의료인, 간호사 등의 교육을 받은 사람들과 경제적으로 여유가 있는 젊은 세대들이 미국, 캐나다, 호주, 유럽 등으로 이민을 가게 될 것이다.

◇ 해외로 이주하려는 젊은층들의 생각은!

1. 안정된 국가를 찾아서 간다.
2. 문화도시에서 학업, 기술, 예술의 꿈을 실현하기 위하여 간다.
3. 전쟁의 위협을 피하기 위하여 전쟁 없는 나라로 간다.
4. 기후 환경이 좋은 나라로 간다.

미국, 유럽, 일본, 호주, 캐나다 등의 선진국 젊은 사람들은 돈을 모아서 결혼을 하고 자식을 낳아서 교육시킬 생각을 하지 않는다. 이것은 성욕, 물욕 등이 퇴화되었기 때문이다. 돈이 필요하면 알바를 하여서 번다. 그 돈이 다 떨어질 때까지 오락, 도박, 여행을 한다. 이러한 생활이 계속되면 저출산으로 인구가 감소된다. 그러면서 후진국의 산업체가 사라지는 현상이 발생하게 되면서 후진국의 젊은 인재들이 선진국으로 이주가 계속 진행된다.

산업체의 인력이 충원되어 국가발전을 이루게 된다. 반면, 본토 주민들은 인구감소로 쇠락해진다. 백인, 흑인, 황인 등 이민자들이 경제발전에 주역이 될 것이다. 인종차별 없이 모든 인종이 뒤섞여서 결혼을 하고 혼합된 생활을 한다. 그래서 민족의 고유 언어, 풍습, 문화, 향토음식 등의 의미도 퇴색될 것이다. 그러면 자신이 사는 곳이 곧 나라이며 고향이 되는 것이다.

세계 인구감소

　미국, 호주, 캐나다, 유럽 등 선진국에서는 교육비, 의료비 등을 국가에서 지원해준다. 싱가포르에서는 주택비도 국가에서 지원해준다. 그런데도 출산율이 매우 낮다. 국가에서 지원하는 교육비, 의료비, 사교육비, 주택비 등이 저출산 문제의 해결책이 될 수 없다는 것을 알 수 있다.

　일본 야스오카 박사의 저서에 의하면 낟알의 씨눈에는 원소 망간(Mn)이 많이 함유되어 있어서 이별할 때 또는 사망하였을 때 슬퍼하며 애통하였었으나 식생활의 변화로 점점 퇴화되어가고 있다.

　세계 여러 민족들 중에서 원시인들은 원숭이고기, 물고기, 조개 등이 주식이며 에스키모인은 바다표범, 북극곰, 연어, 송어, 청어, 곰, 순록을 주식으로 하고 있다. 또한 유목인들은 소, 말, 양 등을 주식으로 하고 있다. 그래서 이들 민족은 현대 문명과는 아무 관련성 없이 옛 날 구석기시대 방식대로 생활하고 있는 것은 오르지 하나님이 주신 낟알을 먹지 못하기 때문에 성감이 없어서 옷을 벗고 생활하면서 문명도 퇴화되는 것은 물론 애정이 없어서 슬픈 것도 모르며 생활하고 있다.

미국, 호주, 캐나다, 유럽 등의 나라는 저 출산되는 것을 국가시책으로도 막을 수 없는 현실이 되었다. 또한, 선진국의 젊은 세대들은 학업 노동에 전념하는 것이 아니고 오락, 노래, 여행 등을 즐기고 있다. 그래서 산업 현장에서 근무할 노동인력이 부족하여 태국, 필립핀, 인도, 파키스탄, 우간다, 캄보디아 등의 후진국에서 과학기술자, 의료인 등의 지식인들을 선진국에서 이민 받고 있으며 또한 경제적으로 여유 있는 젊은 세대들을 이민 받아 경제성장을 이루고 있는 실정이다.

세계 모든 과학자들은 자연적인 시대의 현상 또는 경제적인 흐름으로 생각하면서 저 출산과제는 끝이 안 보인다는 논평만 하고 있다.

   그러나 저출산은 선진국에서부터 인구가 감소되고 있으며 자구책으로 T.V 세탁기 냉장고 등을 신혼부부에게 구입하여 준다는 것을 지나서 이제는 첫번째로 어린애를 낳는 부부에게는 500만 원을 주고 두 번째 어린애에게는 1,000만 원을 준다는 정책을 하고 있다.

   그렇게 되면 정부에서는 돈을 주고 어린애를 구입하는 것이 되고 부부들은 어린애를 낳는 기계로 될 수 있게 된다. 그러한 경우가 발생할 때는 부부들은 애정이 없는 어린애를 낳게 되며 어린애들은 죄 없이 태어나서 아동학대가 빈번하여질 것으로 예상 되지만 그 어린애들이 성장한 다음에도 애정이 없으니 살인 등의 범죄인이 될지도 모른다. 그것은 일본의 "야스오카"가 발표한 망간(Mn)이 결핍된 낟알(통곡물)을 주식으로 먹게 되면 애정이 없는 어린애들을 낳게 되어 오히려 사회적인 문제가 될 것으로 생각된다. 그래서 인류는 반드시 낟알(통곡물)을 먹은 후 어린애들을 낳아야 한다.

   그러기 때문에 자구책으로 산모에게 경제적 도움을 주면은 신생아가 조금은 늘어날지 모른다. 그러나 임시변

통이 될지는 모르지만 영구적 방법이 되기는 어려울 것
이다.

그래서 인류는 하나님이 주신 낱알을 주식으로 하면
애정이 많은 어린애를 낳게 되면서 저출산 근본대책이
해결 될 것으로 생각되지만 통곡물을 몇 년 먹어서 될
일이 아니고 3년~5년 이상 먹어야 효과가 발생할 것으
로 추정된다.

◇ 젊은 세대가 어린이를 안 낳으려는 이유

1. 하나님이 주신 낱알을 주식으로 하지 못한 원인이
   있다.
2. 주위 사람에게 얽매이지 않고 자유롭게 생활할 수
   있다.
3. 복지제도 향상으로 자녀 친구의 도움을 받지 않는다.
4. 경제적으로 생활이 안정되어 개인적인 생활을 할
   수 있다.
5. 여성의 권리 향상으로 자립하여 생활할 수 있다.
6. 개인 위주 생활을 하고 싶다.
7. 전공분야의 일을 마음대로 할 수 있다.

젊은 세대들이 결혼하지 않고 아이를 낳지 않으려는 것은 사랑이 없고 성욕이 퇴화되었기 때문이다. 성욕이 왕성하면 다음에 있을 변고를 생각하지 않고 우선 급한 마음으로 성의 쾌감을 느끼려 하기 때문이다. 성욕은 심리학자인 프로이드가 말한 것처럼 모든 욕망의 최우선이기 때문에 그 다음은 전혀 생각하지 않는다.

성욕은 문명을 창조하는 중추역할을 하는 것이다. 그런데 성욕이 부실하면 의욕도, 희망도, 예술도, 미래도 없이 되는대로 생활하게 된다. 결국 죄악에 빠진 사람처럼 살다가 돈이 필요하면 절도, 부조리, 사기 등을 하게 된다. 그것도 안 되면 거지행각을 하면서 연명하게 되는 것이다. 그러하지 않으면 부모에게 얹혀서 살거나, 그날 그날 아르바이트로 하루살이 인생이 늘어나게 되는 것이다.

성욕이 퇴화되면서 세계 인구는 날이 갈수록 감소되고 있다. 결국 선진국에서는 후진국의 인구를 받아들이고 있는 실정이다.

출산율 최저국가로는 싱가포르, 대만, 일본, 한국, 중국, 마카오, 홍콩, 이탈리아, 프랑스, 스위스, 덴마크, 영국, 미국, 러시아, 호주, 캐나다 등이 있다. 이들 국가에서는 인구감소가 가장 큰 문제로 부각되고 있다. 그러나 출산율이 높은 국가는 우간다, 에티오피아, 아프가니스탄, 이란, 파키스탄, 오만, 시리아, 예멘, 캄보디아, 방글라데시, 과테말라, 아이티, 앙골라, 케냐, 니제르, 르완다 등이 있으나 경제가 좋지 못하여 선진국으로 이민가려는 사람이 많아지고 있는 실정이다.

원인이 있으면 결과가 있듯이 문명이 고도로 발달되어 달나라도 가고 비행기, TV, 스마트폰 등이 발명되었다. 그런데도 저출산의 원인을 아직까지 찾지 못하고 현실적으로 또는 경제적으로만 알고 있는 실정이다.

20세기 초부터 선진국가에서는 저 출산문제로 인구가 감소되는 심각한 상태가 시작되고 있다. 반면 저소득층 국가에서는 인구가 증가되고 있는 실정이다.

저소득층 국가에서는 아직까지도 국민소득이 낮다. 그

래서 곡물을 가공하는 기술이 좋지 않아, 밀, 보리, 현미, 옥수수, 콩 등을 맷돌 등으로 분쇄하여 빵을 구워먹거나 죽을 쑤어 먹는다.

그래서 아직까지 저출산의 원천인 낟알의 씨앗(배아)을 먹고 있기 때문에 저출산을 염려하지 않아도 된다.

현재 200여 국가 중 90여개 국가의 여성출산율이 2.1명을 밑돌고 있다. 한국, 싱가포로, 미국, 호주, 캐나다 유럽 등의 선진국의 출산율은 1명을 밑돌고 있다. 한국에서도 어린이들이 부모세대가 될 무렵엔 인구가 2분의 1 수준으로 떨어지게 될지도 모른다.

중국은 35년 동안 정책으로 유지해온 소수민족은 1가정에 2명을 낳고, 원주민 한족은 1명만 낳게 하던 법률을 폐기했다. 그래서 이제는 모든 가정에 다자녀를 허용한다. 그래도 날이 갈수록 인구는 감소되고 있다.

일본 "와이즈베리" 통계조사에 의하면 2,008년을 기점으로 인구감소가 시작되었다. 아무런 조치를 취하지 않으면 2,050년은 9천7백만명으로 감소된다. 또,

2,100년에는 3/1인 45백만명으로 줄어들 것으로 예측하고 있다.

러시아에서도 출산장려 대책이 확대하고 있다. 출산한 부부에게는 냉장고와 텔레비전 등의 선물을 준다는 정책을 하고 있는 실정이다. 프랑스에서도 1990년대에 본격화된 출산장려책을 확대하여, 유럽의 최고수준으로 여성 1인당 2명의 출산율을 유지하려고 안간힘을 쓰고 있다. 프랑스에서는 임신 7개월이 되면 840유로(한화 105만원)을 지급한다. 아이가 3살이 될 때까지 매월 보조금을 지급한다. 모든 신생아는 국가에서 키운다는 슬로건을 내걸고 어린이를 공립유치원에서 무상으로 교육시킨다고 한다.

독일의 히틀러는 유럽의 여러 나라를 침략할 때 병사들의 전사로 젊은 청년이 부족하게 되었다. 그러자, 남자 1명이 여러 여자와 동거하여 자녀를 많이 낳는 제도를 시행하였다. 그래서 젊은 청년들을 보충하려는 정책을 강구했다.

일본 도요토미 히데요시는 수백년 동안 내전으로 통일하는 과정에서 남자들이 전장에서 많이 사망하여 인구가 줄어들자, 왕명으로 모든 여성들에게 외출할 때 속옷을 입지 말고, 허리에 담요 같은 것을 항상 매고 다니다가, 어디에서건 남자를 만나면 그 자리에서 성교를 하여 임신을 하게 하였다.

그 결과 아버지가 누군지 모르는 어린이가 많이 태어났다. 애 아버지의 성씨를 몰라서 애를 만든 장소가 성(姓)씨가 되어 나무 밑에서, 산속에서, 대나무밭에서, 콩밭에서, 도랑 옆에서, 우물가 옆에서, 보리밭에서, 바닷가에서, 개천가에서, 버드나무 아래에서, 오동나무 아래서 등의 성씨로 기재되었다. 한국에는 약 300여 성씨가 있지만, 일본에는 10만개의 성씨가 있다고 한다. 또한 일본 여성들의 전통의상인 기모노의 유래이며, 오늘날에도 기모노를 입을 때는 팬티 등 속옷을 입지 않는 풍습이 전해지고 있다. 다행스럽게도 전장에서 살아남은 남자들은 아무 여자하고도 성교를 할 수 있는 행운아가 되었다.

물론 독일과 일본에서 실시했던 대책은 전사자가 많아서 일시적으로 실시한 것이었다.

싱가포르는 합계출산율이 0.8명으로 세계 224개국 중 세계 최상위권을 기록하고 있다. 결혼, 출산, 양육을 국가에서 지원하며 실업의 걱정이 없다. 신혼부부가 공공주택과 넉넉한 정부지원금으로 생활하여 걱정이 없는데도 결혼을 미루고 있어서 저출산이 되고 있다.

세계 어느 나라 할 것 없이 인구가 감소되는 것은 핵무기보다 더 무섭다고 한다. 따라서 핵폭탄으로 지구가 멸망되기 전에 저출산으로 세계가 멸망될 수 있다는 것을 세계각국 정부가 알아야 할 것이다.

하나님은 인류가 타락하였을 때 물로 심판하였었다. 다음에 또 타락하면 불로 심판한다는 말을 했다. 그러나 저출산으로 인류가 멸망할 것이라는 말은 없는 것으로 알고 있으니 두고 볼 일이다.

4.

한국의 인구 감소

저출산은 대한민국이 가장 심각하다. 나아가 선진국의 여러 나라가 세월이 갈수록 인구가 계속 줄고 있어서 문제가 되고 있다.

결혼하여 어린이들을 낳는 것은 개인의 일인 것 같지만 이것은 가족과 국가의 대사로서 흥망성쇠가 달려있다. 따라서 저출산은 국가의 재앙이라 할 수 있다.

예전에는 부모와 친족의 영향력이 중요했다. 그래서 결혼을 당사자의 결정에만 맡길 수 없어서 가정이 중심되어 결혼이 성사되었었다. 그러나 현시대의 젊은 사람들은 당사자의 생각이 더 중요시 되고 있다. 그래서 개인의 행복을 최우선순위로 부부간의 친밀감, 성적만족감 등으로 결혼관이 변하고 있다.

부부중심 핵가족이 출현하게 된 후 최대피해자는 사회적 약자들이라는 주장이 있다. 부양대상인 노인 그리고 간호를 필요로 하는 장애인 및 환자들이 대표적인 희생자라는 것이다. 가족공동체가 안정적으로 유지되기 위해서는 누군가의 희생과 헌신, 양보가 필요하다. 가족공동체가 안정이 되어 부모형제, 이웃, 민족을 중심으로 생활하다보면 부부관계도 더 충실하여진다. 실제로 부부관계가 좋은 나라일수록 선진국이라는 말이 있다.

즉 "집안이 화목하여야 모든 일이 잘 되어간다"는 가화만사성(家和萬事成)이라는 말이 있다. 실제로 활동적인 가정생활로 부부금실이 좋아져야 생활에 자신감을 갖게 된다. 그래야 경제발전을 이끌어 갈 수 있다.

대한민국에서도 저출산으로 인구가 감소되고 있다. 그럼에도 불구하고 젊은층의 우수한 인재들이 미국, 캐나다, 호주, 유럽 등의 선진국으로 이주하고 있다. 심지어 해외에서 유학한 젊은 세대들도 학업이 끝나면 귀국하는 것이 아니라, 해외에서 체류하고 있는 실정이다.

저출산으로 경제가 침체되는 것을 활성화하기 위하여

기술자, 의료인, 간호인, 노동자 등의 이민자를 받지 않을 수가 없는 실정이다. 어느 국회의원은 인구가 계속 감속되고 있으니, 이민법을 개정하여 한국으로 이민 오려는 외국 사람들의 문호를 개방하여야 한다고 한다.

자구책으로 후진국의 젊은층이 한국으로 이주하여 산업현장에서 근무하고 있다. 여성들이 결혼을 기피하다 보니 남성들은 외국여성과 결혼을 하여 인구감소는 약간 낮아지고 있는 실정이다.

한국 통계청 조사에 의하면 "결혼을 꼭 할 필요가 없다"는 젊은이들이 40%을 넘었다. 반드시 해야 한다는 경우는 27% 밖에 안 되는 것으로 파악되고 있다. 사회생활을 하면서 당연시 되던 결혼이 이제는 선택이 되는 것이다.

부모가 자녀를 낳아 성년이 될 때까지는 2~30년이 걸리는 동안 2~3억의 돈이 든다고 한다. 그 많은 돈을 들여서 자녀를 키웠으나 자녀는 부모가 늙은 후 노후에 도움을 주지 않는다. 그것은 부모와 자식사이에 사랑이 없기 때문이다. 그래서 요즘 젊은이들은 차라리 아이를 안 낳고 혼자 독신생활 하는 것이 현실적이고 행복한 생활을 할 수 있다고 한다.

옛날에는 부모와 자식 사이에 애정이 풍부하여 한가정에서 생활하였었으나 식생활이 변질된 후에는 부모와 자식이 따로 생활하고 있는 것은 역시 애정이 없기 때문이며 노년이 되면 양로원에서 생활하다 죽게 되면 상주들이 애통하는 사람이 하나도 찾아 볼 수 없는 것은 애정이 없는 것이다.

이처럼 가족들이 한가정에 살면서 서로 사랑하며 그리워하였었으나 현시대 사람들은 애정이 없어서 독신생활을 하고 있는 것은 식생활의 변질로 난알을 주식으로 하지 못하고 있기 때문이다.

젊은이들이 독립을 선호하는 것은 주거할 집과 결혼비용과 결혼 후 어린이들의 교육비 등으로 소득이 불확실하여 결혼을 기피하기도 한다. 그러나 소득이 안정된 대기업 사원, 공무원, 은행원, 학교 교사들 중에도 결혼을 하지 않고, 어린이를 낳지 않고 있으니 경제적인 문제만도 아닌 것이다.

결혼은 사치스런 것이어서 꼭 해야 할 필요가 없다는 젊은 세대의 생각이 많아지고 있다. 그러나 장기적으로 보았을 때 올바른 식생활을 하지 못하여 신체에 필요한 영양소를 먹지 못하는 것도 있다. 또, 영양소를 세포에 전달을 못 하여 성욕이 퇴화되어 성생활을 못 하고 있는 것을 사회적인 여러 핑계를 대어 결혼을 못 한다고 하는 것이다.

　　성욕이 왕성한 사람들은 주거문제, 결혼비용, 어린이들의 교육비용 등 모든 문제를 생각하지 않는다. 우선 결혼부터 한 다음에 순차적으로 해결하게 되는 것이다. 그러나 성욕이 퇴화된 사람일수록 경제적 이유를 대면서 우선 안정된 생활을 한 다음에 결혼을 하려는 젊은 세대들도 있다.

　　부모와 본인들이 날알을 주식으로 하지 못한 부부들은 일생동안 성교 횟수가 점점 줄어들고 있다. 젊은 세대들은 성교에는 별 관심 없이 여행, 오락 등을 하면서 젊은 세월을 보내고 있다. 다시 말하면 결혼을 기피하는 사례가 점점 늘어가고 있다. 기성세대들도 이혼이 점점 늘어나서 독신생활 하는 것을 원하고 있는 실정이다.

대한민국을 비롯하여 세계 여러 나라가 결혼을 안 하려는 남녀에게 경제적 지원을 한다고 한다. 그러나 그렇다고 해결될 문제가 아니다. 즉 출산장려금을 지원한다, 아파트 구입비를 지원한다, 세금을 감면한다. TV와 세탁기를 사준다 등 헤아릴 수 없는 정책을 발표하고 있다.

그러나 경제적인 것으로 될 문제가 아니다. 오로지 음식문화가 개선되어야 한다. 음식문화가 변질된 후부터 젊은 세대들이 성감이 퇴화되어 이성에 대한 그리움이 없으니까 혼자 독신생활 하는 것이다. 이성과의 즐거움보다는 혼자 사는 즐거움이 더 좋고 편안하다고 말하는 것이다.

종교계가 앞장서는 것보다 더 중요한 것은 하나님은 "씨 맺는 모든 채소와 씨 가진 열매 맺는 모든 나무는 너희의 양식이 되리라" 하였다. 즉, 씨 맺는 곡식과 채소, 과일을 양식으로 할 때만이 성적인 감성이 증가하고 문명이 발전되었다.

▶ "저출산 문제 극복, 종교계가 앞장서겠다"(조선일보 2018년 05월 01일)

부부 중심으로 가족을 이루면서 생활하다 보면 어린이를 낳고 어린이를 기르다 보면 경쟁력이 생긴다. 경쟁을 하다 보면 문명이 발달된다. 이것이 수백 년 동안 지속되어 왔다. 그러나 현시대는 식생활의 변화로 성감이 퇴화되어 결혼을 기피한다. 이것을 마치 결혼비용, 주거비용, 어린이 교육문제 등으로 결혼을 기피한다는 잘못된 생각을 하고 있다. 또, 경제적인 이유로 결혼을 하지 않고 여행, 오락 등의 취미생활을 하는 것으로 잘못 판단하고 있다. 이는 오르지 식생활이 변화되어야 해결될 문제다.

어느 마을에서는 확성기로 집에서 사용하지 않는 것이 있으면 가져오라고 하니까 자기 남편을 끌고 나와서 집에서 사용하지 않는다는 유머가 있었다는 것은 사실은 성욕이 퇴화되어 집에서 사용하지 못한다는 말 같기도 한다.

연애, 결혼, 출산 세 가지를 한 번에 포기한다는 이른바 3포 세대의 결혼 풍속이 있다. 이제는 연애, 결혼, 출산, 직장, 주택구입 등 5포 세대가 출현하게 되었다. 이역시 성욕이 부실하여 의욕도 희망도 없이, 되는 대로 살기 때문에 나온 말이다. 그 순간을 즐겁게 오락, 노래, 도박, 여행 등으로 생활하겠다는 것이다.

예전에는 맞선을 보지 않고 중매쟁이 말만 듣고 결혼하였어도 잘 살았다. 요즘에는 결혼생활이 변한 것은 이성의 감성이 없기 때문이다. 그래서 가족 친지들의 권유에 의하여 결혼을 해도 결국은 파혼하게 되는 것이다.

성욕이 왕성할 때는 미운 사람도 예쁘게 보인다. 성욕이 부실하면 아무리 예쁜 사람도 미운 사람으로 보인다. 그래서 배우자를 선택하기 어렵다. 또, 결혼하고 나서도 계속 살지 못하고 이혼하게 된다.

요즘은 젊은 청년뿐만 아니라 이제는 노인들까지도 이혼을 밥 먹듯이 하고 있어 유행가 가사 하나 소개한다.

먼 훗날 (노래 김미성)
행여나 날 찾아왔다가 못 보고 가더라도
옛정에 매이지 말고 말없이 돌아가 주오
사랑이란 그런 것 생각이야 나겠지만
먼 훗날 그때는 이 사람도 떠난 후일 테니까

행여나 날 찾아왔다가 못 보고 가더라도
추억에 머물지 말고 말없이 돌아가 주오
사랑이란 그런 것 생각이야 나겠지만
먼 훗날 그때는 이 사람도 떠난 후일 테니까

사랑이 없으니 언제 헤어질지 모르니까 아이를 낳으려 하지 않는다. 그러니 인구가 감소되는 것은 당연한 것이다.

옛날 1960년대까지만 해도 처녀가 있는 집에서는 혹시 처녀들이 바람피우려 밖에 나가지 않을까 걱정했다.

어느 집에서는 저녁에 처녀들이 남자를 만나러 나갈까 봐 대문에다 솔잎을 올려놓고 확인하기도 했다. 어느 집에서는 남자를 만나러 자주 나가기 때문에 처녀의 머리를 삭발하기도 하였다. 어느 집에서는 현관문을 자물쇠로 잠그니까 창문을 타고 내려가서 남자를 만나는 것은 이들 젊은 세대는 남녀가 사랑이 왕성하였기 때문이다.

처녀들이 남자를 만나는 것이 동네에 소문나면 혼인 줄 막힌다고 걱정스러워서 일찍 결혼보내기도 하였다. 그 시대의 젊은 남녀들은 서로 그리워하는 마음을 견딜 수 없어서 주위 사람들을 피하면서 목숨을 걸면서 만나기도 하였다.

진정으로 사랑을 한다면 모든 것을 다 사랑하는 사람에게 주고 싶은 마음이 불꽃같이 일어난다. 그러나 요즘에는 진정으로 사랑하지 않는 마음이 없다. 그래서 서로가 이기적이게 된다. 그래서 자기에게 도움이 되지 않으면 주저없이 헤어지는 것이다.

옛말에 "사랑하는 부부는 돈이 없어도 이혼을 하지 않

지만, 사랑이 없는 부자는 이혼을 한다"는 말이 있다. 2000년도에 발표되었던 이만교 저서(소설)『결혼은 미친 짓이다』에서는 "사랑하는 임과 함께라면 비가 새는 집에서 새우잠을 자면서도 사랑한다고 생각하는 사람들이 꽤 존재하였다. 그로부터 20여 년이 지난 후에는 사랑하니까 결혼 한다라는 사람들도 있지만, 경제적 능력으로 집, 직장, 출산, 육아, 교육 등 다양한 변수들이 있어서 사랑하니까 결혼하지 않는다 쪽으로 세상이 변하여 가고 있다."

이제는 애정도 그리움도 없으니 결혼할 생각도 아이를 낳을 생각도 하지 않는 것은 당연지사이다. 이러한 일이 언제까지 지속될지 암담하기만 하다.

◇ 결혼을 하지 안하려는 여성들의 이유는 가지각색이다

1. 자유롭게 살고 싶어서.
2. 직장이 변변치 못해서.
3. 집 구할 돈이 없어서.
4. 가사노동을 견딜 자신이 없어서 등이며

결혼을 하지 않으려는 남성들은 결혼비용과 가족생계를 책임져야 한다는 이유로 결혼을 미루는 것은 아니다.

어느 비혼 여성은 돈 벌어서 원하는 취미생활을 즐기고, 원하는 음식을 먹고, 가족 친구들과 재미있는 시간을 보낼 수 있다. 그런데 결혼하면 모든 것이 다 깨져버릴 것 같아서 결혼을 못한다고 하였다.

그러나 가장 중요한 것은 젊은 세대나 노년들 모두가 성욕이 퇴화되었기 때문에 여러 가지 핑계를 대는 것이다.

옛말에 금강산이 아무리 아름답다 하여도 우선 배고픈 것이 첫째이고 둘째가 성욕이다.
다시 말하면 성욕이 왕성할 때는 이것저것 가리지 아니하고 남녀 모두가 가슴이 울렁울렁하다 못해 쿵쿵 소리가 나기 때문에 일 저지르게 된다.

◇ 젊은 세대들이 결혼을 하지 않는 것을 살펴보면
1. 적당한 배우자를 찾지 못했다.
2. 경제적으로 결혼비용, 주택비 등의 부담을 갖는다.

3. 자녀들의 양육비, 교육비가 부담이 된다.

4. 소득 및 고용이 불안하다.

5. 배우자와 관계가 불안해질 것을 염려한다.

대한민국에서는 1960년대까지도 "덮어놓고 낳다보면 거지꼴 못 면한다"라는 극장가의 대한뉴스의 한 제목이 있었다.

그 시절에는 국민소득이 1인당 60달러여서 인구감소가 국가 시책이었다. 20세기경부터는 저 출산으로 인구가 감소되기 시작하여 사회적으로 심각한 문제가 되고 있다.

2100년경이 되면 청년 5명 중 1명 정도만 결혼을 하게 된다고 하니 국가적 재앙이라 할 수 있을 것이다.

대한민국의 출생률이 2015년에 1.23명을 기록한 후, 2016년 1.17명, 2017년 1.05명으로 떨어졌다. 2020년 합계출산율은 0.98명, 2022년에는 0.78명으로 떨어졌다. 그런가하면 20년 이상 같이 생활하였던 황혼부부의 이혼이 지속적으로 증가하고 있다.

결혼하고 아이 낳지 않는 무자녀 부부가 신세대 부부일수록 더 많아지고 있다. 정부가 바뀔 때마다 무상보육, 출산휴가, 아동수당 등의 대책을 쏟아내고 있다. 젊은 세대의 일자리를 늘리면 출산문제가 임시 해결될 것으로 생각한다. 그러나 장기적으로는 식생활이 변화 되어야 한다. 다시 말하지만, 성욕이 없기 때문에 이런저런 핑계를 대고 있다. 그것은 역시 하나님이 주신 낟알(통곡물)을 주식으로 하여야 성욕 문명 애정이 있게 되는 것이다.

정부에서는 출산장려금 육아휴가비, 산후 조리원비, 양육비, 교육비, APT구입 등을 지원하여 준다고 한다. 또한 2023부터 기존 영아 수당을 부모 급여로 확대하여 만0세 아이를 둔 가정에 70만 원. 만1세는 35만 원을 지급하고 내년부터는 각각 100만 원과 50만 원으로 급여를 늘리기로 했다.

그러나 어떠한 정부지원으로 될 일이 아니고, 하나님

이 주신 난알을 주식으로 하였을 때 성감이 왕성해져서 연애도 하고 결혼도 하고 아이도 낳게 된다는 것을 인식해야 한다.

1960년 통계조사에 의하면 합계출산율[1]이 6명으로 높았지만, 2014년 통계조사에 의하면 합계출산율이 1.21명이며 2022년에는 0.78명으로 떨어졌다.

매일경제 김성진 기자의 저출산 대책을 요약하면
1. 난임 치료를 과감히 지원하라.
2. 다자녀(3인 이상) 가구에 대한 주거 지원을 확충하라.
3. 다자녀 부모에게 소득세 근로소득세를 아이가 성년이 될 때까지 절반 감면하라.
4. 이민을 적극적으로 받아라(외국인 취업을 과감하게 확대 허용하라).

서울경제 이현호 기자의 보고서를 요약하면 2천500년 후 지금부터 480년 후에는 민족이 소멸될 우려가 있다는 끔찍한 통계조사도 있다고 한다. 2천500년이 되면

---

1. 합계출산율: 여성 한 명이 평생 동안 낳을 것으로 예상되는 수

인구가 올해의 0.7%인 33만 명에 불과해 한국어도 사용하지 않는, 사실상 민족소멸상태에 이를 것으로 예상한다고 한다.

대한민국뿐만이 아니라 세계 여러 나라가 인구감소가 되고 있다. 대한민국 정부에서는 2006년부터 2022년까지 18년 동안 저출산 대책으로 280조 원을 퍼부었다. 그 결과로 합계출산율은 0.78명으로 OECD 회원국 중 꼴찌가 되었다.

인구가 줄면 노동력이 부족하여 생산성이 떨어진다. 그래서 소비와 투자도 줄게 된다. 당연히 시장규모도 줄어들게 된다. 그러면 경제성장은 멈추거나 뒷걸음질치게 된다. 즉, 나라가 위태로워질 수도 있는 것이다.

백의민족에서 다문화민족으로 된 지도 오래되었다. 이제는 피할 수 없는 시대의 흐름으로 저출산이 늘어가고 있다. 효율적인 이민정책으로 바꾸어 이민문제를 전담하는 이민청을 신설해야 한다. 그래서 적극적으로 대응해야 저출산도 다소 해소되고 경제성장을 이루게 될 것이라고 하였다.

5

남녀 분업

한반도에서는 철기시대(BC400년)경부터 1900년경까지 낟알(통곡물)을 주식으로 했었다. 그래서 가정에는 분업으로 남성들은 농사, 사냥, 전쟁을 하였으며 여성들은 음식을 준비하고 어린애들을 키우면서 가정에 전념하였다. 그러다 1900년 후부터 현미가 백미로, 통밀이 흰 밀가루로 변질되면서, 남녀 구별 없이 남자가 할 일을 여성이 하고 여성이 할 일을 남성이 하여 분업이 혼돈되고 있다.

사회활동은 남성들이 하는 것이고, 여성은 여성답게 가정으로 돌아가서 가정을 지키는 것이 수천 년간 지켜온 풍습이고 생리적으로도 그렇게 해야만 된다. 여성은 가정에서 어린애들과 대화하면서 오락도 하고 공원에서 산책도 하고 같이 놀아야 한다. 그래야 어린애들이 언어도 쉽게 배우면서 건강한 어린이로 자라나게 되어 사회에서 큰 인재가 될 것으로 생각된다.

　미국 토마스 에디슨은 1847년에 태어나서 사망할 때까지 84년 동안 1,000여 건의 발명특허를 등록받았다고 한다. 에디슨은 초등학교 3학년 때 너무 저능아 같아서 다른 어린이들과 진도를 같이 나갈 수 없다고 담임이 그렇게 말한 것이다. 에디슨 어머니는 할 수 없이 집에서 공부를 가르쳤다고 한다.

　에디슨 어머니가 밖에 나갔다가 집에 와보니 에디슨이 보이지 않아서 "에디슨 에디슨 어디 있느냐?"고 했다. 그러자, "여기서 병아리 깨고 있다"고 하기에 가보니 달걀을 가슴에 품고 있었다는 것이다.

　어느 날 동사무소에 서류를 떼러 갔는데 직원이 이름을 물으니까 생각나지 않아서 머뭇거리고 있을 때 마침 친구가 들어오면서 "에디슨 왜 여기 와 있느냐?"는 말을 듣고 동사무소 직원에게 "저 에디슨입니다" 라고 했다고 한다. 에디슨은 자기가 훌륭한 과학자가 된 것은 어머니가 집에서 가르쳐준 은혜라고 어머니를 찬양하기도 하였다.

맹자는 중국의 노나라에서 태어나 3살 때 아버지가 돌아가시고 어머니 혼자서 키웠다. 시장에서 상인들이 소리를 지르며 물건 파는 것을 보고는 그 흉내를 내었다. 그래서 다음에는 산마을로 이사를 하였다. 그랬더니 어느 날 맹자는 무덤 앞에서 상주들이 지팡이를 짚고 통곡하는 것을 보고, 그 흉내를 냈다. 그래서 다시 서당 옆으로 이사를 했다. 그랬더니 서당에서 책 읽는 것을 보고 책 읽는 흉내 내었다. 그래서 서당 옆에 정착해서 후세에 사상가, 철학가, 교육가가 되었으며 그 명성은 2,500여 년이 지난 현재까지 전해지고 있다.

한석봉은 1543년 조선 선조 때 개성에서 모친 혼자 가르쳐서 정치가 문장가로 되었다. 역사상 글씨를 제일 잘 쓰는 사람으로 알려졌다. 일찍이 아버지가 돌아가신 후 어머니가 떡 장사하면서 한석봉을 서당에 보내어 공부를 시켰다.

어느 날 저녁에 어머니가 빨래를 하는데 한석봉이 찾아왔다. 너 왜 왔느냐고 물으니 어머니가 보고 싶어서 왔다는 말을 듣고 바가지로 물을 퍼서 석봉에게 들어부었다. 그러면서 "너 공부가 끝나기 전에는 집에 오지 말라고 하지 안 하였느냐?" 하면서 호통을 처서 다시 서당으로 보냈다고 한다. 그 후 서당 선생님이 이제 내가 가르칠 것은 다 가르쳤으니 집에 돌아가라 하여 집에 왔었다.

어느 날 집에서 불을 끄고 글씨쓰기와 떡썰기 시합을 하였다. 그랬더니 석봉의 글씨는 비뚤비뚤하고 크기가 들죽날죽 하였다. 그러나 어머니의 떡은 가지런하였다. 이것을 본 석봉은 글씨공부에 더 매진하여 조선에서 글씨를 제일 잘 쓰는 사람이 되었다고 한다.

앞에서 예를 들었지만 에디슨과 맹자, 한석봉은 출생할 때도 훌륭하였지만 출생하여서도 모친들의 열성적인 가정교육으로 더 훌륭한 인재가 된 것이다.

6.

직업 없는 생활

젊은 세대들은 날이 갈수록 원시인들처럼 동물화 되어 가고 있다. 그래서 배만 고프지 않으면 미래도, 희망도, 의욕도 없이 편안히 쉬기만 하려 한다. 이는 사랑과 희망이 없기 때문이다.

다시 말하면 성욕이 왕성해야 욕망이 생긴다. 욕망이 생겨야 미래를 창조하여 문명이 발전하는 것이다.

인간은 사랑과 성욕이 있기 때문에 미래를 창조할 수 있다. 그럼에도 불구하고 결혼을 하지 않으려고 한다. 또, 결혼을 하여도 아이를 안 낳으려 한다. 이는 사랑이 없기 때문이다. 아이를 낳아도 사랑하지 않는 것은 애정이 없기 때문이다.

그래서 이성의 성감이 없으면 혼자 사는 것을 편안하다고 한다.

그러나 젊은 세대들은 결혼을 해도 쉽게 이혼을 한다. 그래서 시골 어느 마을에서는 몇 집 건너 노인들이 어린 애들을 키운다고 한다. 도시에서 어린애가 있는데도 이혼을 하여 할 수 없이 어린애들을 시골 부모님에게 부탁하여 키우게 한다. 전에는 자녀 가진 부모들은 자녀들 시집, 장가보내는 것이 큰 걱정이었다. 이제는 시집, 장가가더라도 쉽게 이혼하여 더 큰 걱정이 생기고 있다.

그런가 하면 지금은 황혼이혼을 하여 별거생활을 하면서 호적정리를 하지 않는 졸혼이라는 신조어가 생긴 것은 서로 믿음과 사랑이 없기 때문이다.

사랑은 지식, 명예, 금전으로 이루어지는 것이 아니다. 오르지 매일 먹는 음식에서 사랑이 이루어지는 것이다.

올바른 식생활을 하면 "남자들은 전봇대에 치마만 입혀도 아름다운 여자로 보며 여자들은 허수아비에다 남자 옷을 입혀도 아름다운 남자로 보인다"는 옛말이 이제는 현실이 되고 있는 것이다.

성욕이 부족한 것은 경제적인 문제도 시대의 흐름도 아니고 오르지 식생활에서 오는 것이다. 많이 먹고 편안하게 희망도, 의욕도 없이 사는 짐승들 세계처럼, 인류도 올바른 식생활을 하지 못하면 성욕이 퇴화되어 의욕도 없이 많이 먹고 편안하게 살려고만 하게 된다.

지구에서 수많은 동물들이 생존하고 있지만 발정기 때만 성교를 하여 종족을 번식시키고 있다. 그러나 유독 인류만이 시도 때도 없이 기회만 있으면 성교를 하고 있다.

그것은 곡식 위 부분에 꺼럭이 있기 때문에 조류와 짐승들이 먹지 못하는 벼. 밀, 보리, 귀리 등의 씨 맺는 낟알을 먹기 때문이다. 이것은 인류만이 양식으로 하라는 하나님의 계시이다. 씨 맺는 낟알에는 성욕이 왕성하고 문명의 발전과 애정이 있었으며 지상의 모든 동물을 다스리게 되는 것이다.

7.

노인들의 사망할 때 고통

옛날 한국에서는 현미밥에 된장찌개 김치를 주식으로 하였다. 그래도 건강하여 각종 암, 고혈압, 당뇨병 등은 극히 드문 병이었다.

고기와 과일은 제삿날과 명절 때나 먹을 수 있었다. 매일 눈만 뜨면 밤늦게까지 쉴새 없이 노동을 했다. 그러니 수명이 단축될 수밖에 없었다. 그러나 궁궐에 있던 내시들은 100세까지 장수한 사람들도 있었다.

노인들이 사망할 때 한가지 실례를 든다. 암이 발병되면 어느 환자든지 사망할 때까지 며칠 동안은 심한 고통으로 몸부림친다고 한다. 그래서 의사들은 모르핀 주사를 놓거나, 침대에다 몸을 묶어 놓기도 하여 환자를 안정시키기도 한다.

옛날 현미밥이 주식일 때는 암이 없었다고 하면 어느 사람은 그때는 의술이 발달되지 못하여 암이 발생 한 것을 몰랐다고 한다. 옛날에는 암 환자가 없었다는 것을 알 수 있는 것은 노인들이 운명할 때 자는 것처럼 운명한 것을 보면 알 수 있다.

필자의 할아버지는 75세 때 1~2개월 누워계셨다. 어느 날 아버지께서 필자를 부르더니 덕원 할아버지한테 가서 할아버지 돌아가신다고 하라고 하셨다. 뛰어가서 말씀드렸다. 덕원 할아버지는 빠른 걸음으로 우리 집에 와서 할아버지 눈을 쓸어내리면서 "아무 생각마시고 편안한 마음으로 눈을 감으시오. 여기에 아들, 며느리가 지켜보고 있으니 편안한 마음으로 눈을 감으시오"를 몇 번 반복하더니 "운명하시었으니 곡하시오"라고 했던 것을 지금도 기억된다.

이웃동네에 70세가 넘어서 혼자 사는 할아버지가 있었다. 할아버지가 돌아가실 때가 되는 것 같아서 동네 사람들이 집으로 가서 한사람씩 교대로 간병을 했다. 간병하며 화투 놀이를 하다가 이상한 생각이 들어서 자세히 보니 돌아가시었다. 그때는 대부분의 노인들이 운명하실 때 큰 고통 없이 잠들듯이 편안하게 운명하였다.

1940년까지도 환경이 좋지 못한데다 음식도 좋지 못했다. 그래서 감기, 몸살, 소화불량, 폐병이 주된 병이었다. 우리 고장 충남 당진시에서도 병의원이나 약국이 없었고, 한약방만 2~3곳 있었다.

그것은 세계 장수촌의 식생활처럼 육식을 먹지 않고, 날알과 채소를 주식으로 하기 때문이다.

사람들이 굶주리면서 중노동을 했을 때도 질병이 많지 않았다. 그러나 현시대에서는 육식과 고칼로리 음식 등을 너무 많이 먹고 있다. 또, 편안한 생활을 하고 있기 때문에 암 등의 질병이 만연하고 있다.

제8장
환경과 음식은
유전자를 변형시킨다

인류의 신체 발달과 기능의 유전자는 부모로부터 물려받게 된다. 낟알과 과일 채소 등 좋은 음식으로 바꾸어야 유전자가 변형되어 당대 또는 후손까지 신체와 성격이 계속 이어지는 것이다.

부정부패, 패륜아, 가정폭력, 아동학대, 살인, 이혼, 탈세, 강도, 절도, 도박 등의 부정한 짓을 하는 것은 조상 때부터 교육을 잘못 받은 탓도 있지만 좋은 환경에서 하나님이 먹으라는 낟알과 과일의 음식을 못 먹어서 유전자가 변형되었기 때문이다.

유전자의 변형으로 부정한 짓을 하여 쉽게 돈을 모을지는 모르지만, 공수래공수거(空手來空手去)라는 진리대로 인생은 결국 빈손으로 태어나서 빈손으로 죽는 것이 만고의 진리다. 어느 사람이고 선(善)과 악(惡)을 분별 못하고 살다가, 늙었을 때서야 선과 악의 길을 다시 되돌아보며 탄식하게 되는 것은 젊은 시절부터 좋은 음식을 못 먹어서 DNA가 변형된 것이라 할 수 있다.

1.

계획 임신이 인재를 출산한다

인류가 평화롭게 살려면 우선 인재를 많이 배출하여야한다. 인재를 많이 배출하려면 우선 부부가 건강해서 명석한 자녀를 낳아야 한다. 명석한 자녀를 낳으려면 계획임신을 해야 한다.

계획임신을 하려면 우선 건강에 문제가 될 수 있는 질병을 먼저 치료해야 한다. 그 후, 임신 몇 개월 전부터는금연, 금주를 해야 한다. 태아에게 유해할 수 있는 약물과 백미, 흰 밀가루음식, 화학조미료 등의 음식을 먹지말아야 한다. 그다음으로 하나님이 주신 낟알, 과일, 채소 등을 필연적으로 먹어야 한다.

왜냐하면. 하나님이 먹으라는 낟알(통곡물)을 먹지 못하면 성욕이 퇴화되어 인구가 감소되는 것은 물론 문명이 퇴화되어 젊은 세대들이 학업에 취중하지 못하고 오락 여행 등을 즐겨하며 이별할 때 슬퍼할 줄을 모른다.

미국, 영국, 오스트레일리아, 캐나다에서는 유아식품
에 화학조미료를 넣지 못하는 것을 법으로 정하고 있다.
또, 늘 즐겁고 좋은 생각을 가져야 건강하고 훌륭한 어
린아이를 출산할 수 있다고 한다.

또한 임신하였을 때 술을 마시면 태아도 술에 취하고,
담배를 피우면 태아도 담배에 취하고, 마약을 섭취하면
태아도 마취가 된다. 그래서 시간이 경과되어야 환상에
서 깨어나게 된다. 다시 말해서 산모가 먹던 음식과 보고
들은 모든 것들이 난자와 정자의 DNA에 저장된다. 그래
서 자손에게 몸의 형태, 성질 등이 유전되는 것이다.

부부가 좋은 환경에서 좋은 음식을 먹으면서 사랑했을
때 건강하고 훌륭한 어린아이를 출생하게 된다. 또한 건
강하고 훌륭한 어린아이가 탄생되어도 출생 후 많은 정
성을 들여야 훌륭한 사람이 된다. 한석봉 맹자 에디슨이
훌륭한 인재가 된 것은 태아로 출생한 후에도 어머니가
정성을 다하여 노력하였기 때문이다. 미국 대통령 케네

디의 어머니 로즈는 여성의 보람은 자녀를 훌륭한 인재로 길러서 사회에 보내는 것이라고 하였다.

"자녀를 훌륭하게 키우려면 어려서부터 가정에서 지적 훈련을 시켜서 사회에 유익한 인재로 보내야 한다." 이것이 로즈 여사의 신념이었다.

필자는 2013년경 3세 된 손자가 있었다. 손자를 데리고 밖에 나가려는데 손자가 운동화를 신는데 잘 신지 못하여 애를 먹기에 필자가 신겨주었다. 그랬더니 손자가 울어서 "왜 그러냐?"고 물어보았다. 그랬더니 무슨 말을 하면서 울기에 애 엄마에게 데려다 주고 난 후에 애 엄마 이야기를 들어보았다. 손자가 운동화를 자신이 신을 수 있는데 할아버지가 신겨주어서 속상해서 울었다는 것이다.

손자가 하는 말을 엄마는 알아들을 수 있지만 다른 사람은 알아들을 수 없다. 이것은 어린애와 엄마의 주고받는 대화이다. 어린애가 조잘조잘하는 것을 엄마가 다 들어 주고, 또한 엄마가 말하는 것을 어린애가 다 알아들게 말해줄 때, 어린애가 쉽게 말을 배우고 판단력이 좋아지는 것이다. 다시 말하면 아기들의 서투른 말을 금방 알아들 수 있는 것은 말소리보다 뜻에 귀를 기울이기 때문인 것이다.

어린애를 데리고 공원에서 산책도 하고 장난감을 가지고 같이 놀아주다 보면 어린애가 말하는 것도 향상되고 두뇌도 쉽게 발달되는 것이다.

그러기 때문에 어린애는 반드시 엄마가 어려서부터 가정교육에서 지적훈련을 해야 한다. 그래야 지능도 발달되고 말도 쉽게 배울 수 있다.

이것이 수백 년 동안 지켜온 가정교육이다.

우량한 어린이가 출생하지 못했을 때 조상의 산소가 나쁘다 또는 집터가 나쁘다고 한탄하지 말고 계획임신을 한 다음에 가정에서 지적인 교육을 시켜야 한다. 그래야 그 어린이가 커서 인재가 될 수 있는 것이다.

우리나라 출산 절반 이상이 계획되지 않은 임신을 하고 있다고 한다. 예를 든다면 술김에 성교를 한다든가,

홧김에 성교를 한다면 다음에 태어날 신생아에게 어떠한 영향이 있는지 생각해야 할 일이다. 우량한 어린아이를 출생하는 것은 부모들 문제뿐만 아니라, 가문과 민족의 흥망성쇠가 달려있는 문제이기도 하다. 그래서 계획임신과 가정교육이 중요한 것이다.

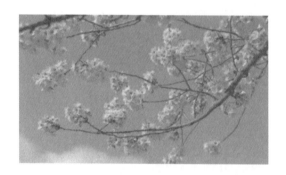

환경과 음식은
유전자를 변형시킨다

유전자(遺傳子)! 양친의 형질이 자손에게 전해지는 형상을 유전이라 한다. 유전은 어떻게 하여 자손에게 전해지는가?

인간의 난자와 정자는 환경과 음식에 쉽게 돌연변이 되기도 한다. 평화로운 환경에서 좋은 음식을 먹으며 생활하다 보면 개천에서 용(龍)이 태어날 수도 있다. 그러나 늘 불안한 환경에서 좋지 못한 음식을 먹으며 부적절한 생활을 하다보면 개천에서 용이 아니라 돌연변이 되어 문제아가 출생하게 될 수도 있다.

한 예로서 노름꾼이 밤새 노름하여 돈을 다 잃고 돈을 꾸려도 꾸어주는 사람이 없을 때 말다툼을 하다가 집에 돌아와서 홧김에 성교를 하여 임신이 되었다. 그러면 그

태아는 폭력적인 의식이 언제라도 나타나게 될 수 있는 것이다.

술주정뱅이가 술에 취해서 부인과 성교를 하였다면 그 어린애가 평상시에도 늘 술 취한 것 같을 수 있다. 술만 먹으면 사람을 폭행하고 살림을 때려 부수는 등의 행패를 부리는 것은 환경과 음식에 의하여 후성유전자의 형질이 나타나서 2~3세대까지 갈 수도 있다.

옛날부터 벼락치고 태풍이 부는 등 일기가 불순할 때는 잠자리를 하지 말라는 고언이 있었다. 또는 임신했을 때 고구마, 무 등 터진 것을 먹으면 어린아이가 예쁘지 않다는 고언도 있었다. 임신부의 험담은 태아에게 영향이 되고 있다. 또, 상대방의 말을 듣는 것도 뇌세포를 변질시킨다. 그래서 좋은 말하는 사람과 자주 만나라는 고언도 있다.

초상집이나 짐승을 살상하는 부정한 것을 보면 태어난 어린이가 정서적이지 못하다는 등의 사례도 있다. 그래서 성교할 때 좋고 나쁜 것을 다 잊고 건강한 모습으로 사랑에 심취되어 성교를 해야 한다. 그때 태어난 어린아이는 부모의 체질, 성격 등과 일치되는 점이 많아진다.

그러나 심심풀이로 또는 일상적으로 불쾌하였던 생각을 하면서 성교를 하면, 세포의 인자는 변질된다. 그래서 정신박약자, 기형아 등으로 유전(DNA)이 변형될 수도 있다.

또한 태어나서도 평상시에 자주 사용하는 신체의 각 부분은 세월이 거듭됨에 따라 발달한다. 또, 사용하지 않는 각 부분은 점점 퇴화하여 없어지게 된다는 학설이 있는데 이를 한자로 "용불용설(用不用說)"이라 한다.

정구선수는 오른팔을 많이 쓰기 때문에 길이도 길어질 수도 있고 힘도 강인해진다. 용불용설은 신체의 근육뿐만 아니라 사람의 뇌기능에도 해당된다. 따라서 배우고 창작하면서 활성화하지 않으면 뇌세포도 줄어든다. 그래서 뇌를 안 쓰면 뇌기능의 장애를 받아 치매 또는 기억상실증을 받을 수도 있다.

그래서 사람은 건강한 신체를 가지기 위하여 역기, 걷

기, 씨름, 배구, 농구, 축구, 등산 등 각종 운동을 해야 한다. 또, 뇌 활동을 발전시키기 위하여 바둑, 책읽기, 게임하기 등으로 두뇌활동을 계속해야 한다.

그러나 달리기, 씨름, 배구, 농구, 축구, 역기, 걷기, 등산 등과 책읽기, 바둑 두기, 게임하기 등을 게을리하면 후천성 유전으로 다시 원상태로 되돌아가기도 한다.

유교의 창시자 맹자는 BC 551년에 태어나서 3살 때 부친이 사망하고 모친 밑에서 자랐다. 맹자가 서당에서 글 읽는 것을 보고 흉내를 내어 그곳에서 정착을 했던 것은 환경에 의한 후천성 유전자라 할 수 있다.

옛날 어느 농부가 여름 장마철에 구렁이가 집으로 들어오는 것을 올가미로 목을 걸어서 바닷가에 버렸다. 순박했던 농부의 머릿속에 그 환상이 며칠간 사라지지 않았다. 그 후, 부인과 잠자리를 같이 한 후에 태어난 어린이의 형상이 구렁이와 비슷하였다고 한다.

시골집에 도둑고양이가 있었다. 시끄러워서 붙들어서

자루에 담아서 바닷가에 버리러 갔다. 그런데 고양이의 울음소리가 머리에 쟁쟁하게 기억되었다. 다음에 어린 아이를 낳았는데 그 어린아이가 울 때 고양이의 울음소리와 비슷하였었다고 한다.

오래 전에 어느 부인이 임신했을 때 커피를 자주 마셨다. 또, 거리에서도 커피를 봉지에 넣어서 시간 있을 때 조금씩 먹었다. 고소하고 맛있어서 자주 먹었다고 한다. 결국 다음에 태어난 어린아이가 정신박약증세가 되었다고 한다.

위에서의 실례는 정자, 난자가 태아에게 감염, 중독 등이 되는 선천성 유전자인 것이다. 그러나 아무리 험한 것을 보았어도 세월이 지나면 머리에서 사라지게 된다.

짐승들은 두뇌가 발달되지 못하여 사물을 보고도 무의식적으로 반응한다. 그러나 사람은 두뇌의 발달로 감수성이 예민하다. 그래서 충격적인 자극을 받을 때 세포는 후성 유전자로 변한다. 그래서 2~3세대까지도 갈 수 있다고 한다. 다시 말하면 환경의 영향은 인간의 세포조직에 축적된다. 심할 경우 세포를 뚫고 침입하여 유전물질을 변경시키기도 한다.

  일벌과 여왕벌은 애벌레 때는 유전자가 동일하다고 하지만 일벌은 꿀을 먹이고 여왕벌은 로열젤리를 먹여서 그들의 운명이 일벌과 여왕벌로 태어나게 되는 것은 음식에 관한 것으로서 후성유전으로 볼 수 있다.

  인류의 삶을 결정짓는 것은 타고난 유전자가 어떤 환경에서 어떤 음식을 먹고 어떻게 생활하느냐에 달려있다. 왜냐하면 이 유전자를 바탕으로 건강과 성격, 형질이 만들어지고, 다음세대로 이어지기 때문이다.

  충격적인 환경과 물질들은 세포조직에 축적되었다가, 심할 경우 유전구조(형질)를 변형시키기도 한다. 또한 사람의 유전자는 순진하여 착각으로 충격적인 물질을 보았을 때 유전형질이 변할 수 있다. 또, 환경호르몬의 영향을 받을 때도 유전형질이 돌연변이 될 수도 있다. 환경과 음식을 아무렇지도 않게 먹을 때 또는 재미있게 보았을 때는 환경과 음식의 영향을 받지 않는다. 이때는 유전자의 형질이 돌연변이 되지 않을 수도 있다. 그러나, 방사능을 비롯한 살충제, 화학물질 등 치명적인 반응을 받은 유전자는 돌연변이가 된다. 그래서 후성유전자의 다른 형질로 변형될 수도 있다.

이처럼 한 인간이 세상에 태어나서 훌륭한 사람, 나쁜 사람, 예쁜 사람, 보기 싫은 사람 등으로 천차만별로 태어나기도 하는 것은 환경과 음식의 영향을 받는 것이다.

한 가정에 세 명의 아들이 있는데 한 명은 대학교수 또는 사법고시를 합격하여 법조인이 되는가 하면, 다른 두 명은 버스운전 또는 매일 술과 도박으로 일생을 마친다면, 집터가 좋지 못해서도 아니고 조상의 산소가 좋지 못하여서도 아니다.

그러나 필자의 생각으로는 조상 때부터 또는 부모들이 임신하기 전부터 좋은 환경에서 좋은 음식을 먹고, 운동과 두뇌활동을 하는 것에 달려 있다고 본다. 결국 쾌적하고 평화로운 환경, 좋은 음식, 운동, 두뇌활동이 좋은 유전형질을 만들기 때문이다.

어린이들이 충격적인 사건을 겪으면 그 사건에 공포감을 느낀다. 또, 사건 후에도 있을 수 없는 현실을 경험한 사건처럼 환상을 느끼며 이를 피하려 한다. 특히 어린이들이 겪은 폭력적인 상처는 오랜 기간 지속되어 일생 동안 큰 영향을 받게 된다고 한다.

3.

인류와 동물과의 전쟁

인류는 핵무기, IS테러, 지구온난화, 저출산, 동물학대, 태풍, 홍수, 폭설 등으로 불안한 생활을 하고 있다. 인류가 저지른 일이기 때문에 다음에야 어떻게 되든 말든 우선은 모르는 것이 편안하겠다고 할 것이다. 그러나 코로나 바이러스19는 당장 눈앞에 닥쳐 있으니 모르고 지날 수가 없다. 인류가 지은 업보의 결과이니 반성하여야 한다고 해인사 원각 스님은 말하였다.

지구를 휩쓰는 코로나 바이러스19는 수천년 동안 동물을 학대하고 살상하여 맛이 기차다고 먹어대던 것이 결국은 동물에게 업보를 당하여 인류와 동물이 전쟁을 하고 있는 것이다.

동물에서 인류로 전파되는 질병은 다음과 같다.

◇ 에이즈(후천성 면역결핍증)

1959년 아프리카 콩고에서 바이러스가 검출되었으며, 기원동물은 참팬지로 알려졌고, 약 3,600만 명이 사망하였다.

◇ 홍콩독감

1968년 7월 중국 남부지역에서 출현하여 세계에서 100만명이 사망하였다.

◇ 스페인 독감

세계 1차 대전 중 미국에서 출현하였다. 기원동물은 야생조류이며 세계1/3이 감염되어 2,000~5,000명이 사망하였다.

◇ 중국 샤스(코르나 바이러스)

2002년 11월 중국 광동 재래시장에서 발생했다. 기원동물은 박쥐로 알려졌으며 8,273명이 감염되었으며 775명이 사망하였다.

◇ 중동 메르스(코로나 바이러스)

2012년 6월 사우디아라비아에서 발생했다. 기원동물은 낙타로 알려졌으며 515명이 사망하였다.

◇ 중국 우한 폐렴(corona 바이러스19)

2019년 12월 중국 우한에서 발생하였다. 기원동물은 박쥐로 추정되고 있다. 인류는 모든 의료기술로 코로나 바이러스19에 버티며 저항하고 있다. 그러나 공항이 마비되고 기업이 휴업되고 학교, 교회 등 모든 집회가 중지되어 집에 있어야 한다. 또, 밖에 나가더라도 마스크를 착용하고 개인과의 거리를 2m 이상 떨어지라고 한다. 과학자들은 2차로 더 강력한 코로나 바이러스가 발생된다는 경고를 하고 있다.

동물의 업보로 인류와 동물은 전쟁이 계속되고 있다. 지구에서 인간이라는 존재가 없었더라면 지구는 영원토록 평화로울 것이다. 인간이 있기에 영원히 불행해지는 것이다.

제9장

원시인의 생활

원시인이 생활하고 있는 것을 런던에 있는 원시인 권익보호기구 레베카 스푸너 박사는 "외부와 접촉하지 않는 세계 순수 원주민부족은 약 100 부족 정도이다. 대부분 아마존 유역과 파푸아뉴기니, 인도령 안다만 제도와 말레이시아와 중앙아프리카 쪽에서 살고 있다"고 한다. 외부와 접촉을 하지 않기 때문에 정확한 인구는 알 수 없다. 언어와 문자로 소통이 되지 않아 항공기 등으로 조사한 것이라고 한다.

원시인들도 하나님이 주신 낟알(통곡물)을 먹지 아니하고 백미, 흰밀가루를 주식으로 하게 되면 1세기(100년) 안에 원시인이나 동물들처럼 옷을 벗고 생활하여도 이성의 감정을 못 느끼게 되어 남여가 혼동된 생활을 하게 되는 것은 물론 성욕이 퇴화되어 결혼을 하지 아니하여 저출산이 될 것이며 문명도 발전되지 못하여 오락, 여행, 도박 등을 하게 될 것이며 애정이 없어 사람이 죽어도 물끄러미 쳐다보면서 슬퍼하고 애통하지 않을 것이다.

◇ 원시인의 인구

지역＼인구	인구	비고
브라질, 페루	40만 명	브라질과 페루 국경지역
파푸아뉴기니	493만 명	태평양 남서부 (현대문명을 약간 받음)
인도령	20만 명	말레이시아 아프리카 오지
계	553만 명	

1.

아마존의 원시인

아마존 밀림 오지에서 생활하는 "원시부족" "조에족" "포투루족" 등의 8개 부족의 생활을 소개한다.

아마존 강유역의 조에족과 와
우라족 등은 옛날부터 현재까지
성욕이 없다. 그래서 옷을 입지
않고 있다. 21세기의 문명이 발
달되었는데도 아랑곳없이 원시
인 생활을 하고 있다. 한 달에 평
균 1마리의 원숭이를 불에 구워먹기도 하고, 햇빛에 말리
어 두었다가 먹기도 하며, 물고기와 조개, 카사바(고구마)
등을 주식으로 하며 생활하고 있다.

원시인들은 방 하나의 집에서 가족들이 같이 살고 있

다. 어느 원시인은 큰집을 지
어놓고 270여 명의 남자와 여
자가 각각 따로 생활하고 있다
고 한다. 남자들이 사냥을 하

▶ 원시인

여 짐승을 잡아오면, 여성들은 음식을 만들어 남자가 있
는 막사에 갖다주고 어린이들을 키운다.

　브라질과 페루에서 생존하는 원
시인 인구는 225개 종족으로 약
40만 명 정도가 된다고 한다. 원
시인 부족들은 문명을 받아들이지
않고, 남녀노소가 모두 알몸으로

▶ 아마존 부족의 원주민

생활한다. 자연을 파괴하지 않고, 조상의 방식대로 생활
한다. 문명이 인류에게 주는 생활방식과는 거리가 먼 삶
을 살고 있다.

　브라질과 페루의 원시인 중 약 50%의 인종은 정통생
활 방식으로 충실히 생활하고 있다. 50% 정도는 문명의
혜택을 약간 받으면서 생활하고 있다고 한다. 브라질 정
부와 페루 정부는 원시인이 외지인과 접촉을 하지 않으
려는 것을 정부차원에서 보호하고 있다.

2.

파푸아뉴기니 원시인

남태평양 남서부에 있는 나라이
다. 면적 46만km^{2}로서 한국의 남
북한 면적의 2배 정도 되는 나라
이다. 500여 부족으로 493만 명의
인구가 생활하고 있는 원주민 나라이다.

▶ 파푸아뉴기니 원주민

해안과 산지에 흩어져 살고 있다. 영어가 공용어지만
원주민은 파푸아어를 사용하고 지역에 따라 큰 차이가
있다. 주식으로는 물고기와 조개 등을 잡아먹고 있다.
산지에서는 노루, 멧돼지, 산양 등의 야생짐승을 잡아먹
으며 생활하기도 한다. 코코넛 열매를 주식으로 하는 엥
겔하르트 민족은 헝겊 한 조각으로 몸을 두른 채 생활하
고 있다. 역시 이성에는 관심이 없다고 한다.

3.

인도령의 원시인

안다만제도와 말레시아와, 아프리카 오지에 거주하는 구위(Gwi), 베나족, 바디족, 무르시족, 하말족, 투루카나족, 본다족 등 20만 명 정도가 살고 있다. 이들 원시인들은 물고기와 조개, 각종 야생짐승과 나무열매 등을 주식으로 하고 있다.

인도네시아의 원시인 부피족들도 물고기, 조개류, 야생짐승 등을 먹고 있으면서 성기만 풀잎 등으로 가리고 생활하고 있다. 역시 이성에는 별 관심이 없다고 한다.

4.

에스키모(Eskimo)인

◇ 에스키모 인구

지 역	인 구	비 고
그린란드	2만 5천 명	
캐나다 북쪽	1만 1천 명	
시베리아 베링 해 연안	1천 600명	호적에 기록이 없어서 추상적인 숫자임
알라스카	1만 7천 명	
합계	5만 4천 6백여 명	

　에스키모 사람들은 영하 10℃~30℃에서 생활한다. 봄은 1년에 2~3개월 정도이다. 추운 지방에서만 살아서 영하 4℃이상에서는 불편하게 생각한다고 한다. 주택은 잔디를 네모나게 잘라서 쌓아 올린 작은 반 지하 흙담집에서 생활하고 있다고 한다. 해안에서 사는 에스키모 사람들은 바다표범, 북극곰 등을 주식으로 한다.

남서 에스키모 사람들은 연어, 송어, 청어 등을 주식으로 하고 있다. 내륙 에스키모 사람들은 곰, 순록을 주식으로 하고 있다고 한다. 남서의 알라스카에서는 카즈키라는 부족이 있다. 남녀가 성의 감성이 퇴화되어 각각 다른 주택에서 생활을 하고 있다. 남자들은 사냥을 하고 여성들은 음식을 만들어 남자들 숙소에 갖다 주는 풍습이 있다고 한다. 어느 부족은 남자친구가 와서 한 칸 방에서 같이 잘 때 자기 부인을 친구에게 빌려주는 풍습도 있다. 마침 남자 친구가 집에 놀러 왔을 때 자기 부인을 남자친구에게 동침하라고 부탁을 하여도 들어주지 않으니 도끼로 살상하였다는 일화도 있었다.

에스키모 사람들은 동물들처럼 육식과 생선을 생으로 먹는 것이 주식이다. 애정이 없어서 부모와 부부가 죽어도 한탄할 줄도 모르고 슬퍼하지도 안으며 주택 구석에 두었다가 해동이 되면 야산에 매장한다고 한다.

1960년경부터 미국, 캐나다에서 밀가루, 버터, 커피, 홍차 등 생활필수품을 보급받고 있다고 한다. 그래서 에스키모 사람들의 문화가 점차 개선되고 있다고 한다.

저자는 현미가공업(주현미나라)을 충청남도 당진에서 하였었다. 그래서 전공분야가 아닌 책을 쓰는 것은 분수에 맞지 않는다는 생각을 하게 되었다. 그러나 젊은 세대들이 결혼을 하지 않아 저 출산이 되고 있으며 결혼한 사람들도 쉽게 헤어지는 것은 분명 원인이 있다는 것을 인식하게 되어 책을 쓰게 되었다.

하나님께서 "이제 내가 너희에게 온 땅 위에서 낟알(곡식)을 내는 풀과 씨가 든 과일나무를 준다. 너희는 이것을 양식으로 삼아라"(성서 창세기 1장 29절)라고 하였었다. 그러나 인류는 하나님이 주신 낟알을 주식으로 하지 못하고 있었으며 BC400년경부터 1900년까지는 낟알을 식용으로 하였을 때부터 성욕이 왕성하여 자식을 많이 낳았었다.

그래서 필자는 하나님 말씀대로 낟알을 주식으로 개선하여야 한다는 일념으로 1980년부터 40여 년 동안 곡물

에 심취되어 연구를 했다. 일본, 미국, 캐나다, 중국 등
여러 나라를 방문하면서 음식문화와 곡물의 자료를 수
집하여 연구하였다.

저자는 오랜 연구 끝에 현미, 밀, 보리 등의 피막이 강
질이어서 물을 흡수하지 못한다는 사실을 발견하였다.
두꺼운 피막에 의하여 잘 씹히지 않고 껄끄러워서 식사
하기가 매우 불편하였던 것을 부드럽고 소화가 잘 되는
활성현미 개발에 성공하게 되었다.

이 책을 통하여 국민 모두가 건강하고 저출산이 되지
않기를 바라는 바이며 모쪼록 이 책이 세계 음식문화의
변화가 되기를 바라는 바이다.
또한 본 저서에서 많은 고견(高見)이 있기를 부탁드리
는 바입니다.

마지막으로 본 저서의 출간을 도와주신 행복에너지 권
선복 사장님께 감사를 드리는 바이며 이 책이 발행되기
까지 도와주신 직원 선생님께도 감사를 드립니다.

참고 문헌

1. 정사영 『기적을 낳은 현미』 시조사. 1975년
2. 정사영 『네 믿음이 너를 구원하였으니』 시조사. 1990년
3. 황성수 『미밥 채식』 페가수스. 2009년
4. 황성수 『밥을 바꿔라』 페가수스. 2011년
5. 홍성태 『현미 채식』 넥서스. 2013년
6. 강지원 『주식혁명』 교학도서. 2020년
7. 후타키켄조(일본) 『왜 현미를 먹어야 하는가?』 이토쇼린. 1933년
8. 사쿠라기 타케후루(일본) 『현미식의 추천』 후바이샤. 1974년
9. 이시다 에이완(일본) 『생활혁명=현미 정식법』 신센샤. 1981년
10. 야마구치 히사코(일본) 『현미정식 요리법』 신센샤. 1983년
11. 이시다 에이완(일본) 『현미건강식 입문』 문화출판국. 1989년
12. 츠루마키 야스오(일본) 『만다 효소파워의 비밀』 우신샤. 1991년
13. 이시다 에이완(일본) 『현미식은 병을 고치다』 신센샤. 1995년
14. 나카니시 야스오(일본) 『음식의 원점=현미혁명』 도분칸. 1998년
15. 이상구 『잘 먹고 오래 사는 법』 여성신문사. 2005년
16. 유태종 『유태종박사의 건강 장수법』 아카데미북. 2005년
17. 조후연 『크리천의 바른 먹거리』 대웅출판. 2008년
18. 이길상 『건강하게 사는 지혜』 기독교문사. 1990년
19. 이길상 『성서에서본 식생활 건강법』 기독교문사. 1984년
20. 김민식 『50년 후 대한민국』 밥북. 2015년
21. 안현필 『공해시대 건강법』 길터. 1991년
22. 안현필 『천하를 잃어도 건강만 있으면』 길터. 1994년
23. 유태종 『식품보감』 서우. 1994년
24. 이환종 역 『자연식 건강법』 시골 문화사. 1986년
25. 류기형 『쌀의 여행』 효일. 2002년

26. 반옥 역『식물의 섹스』전파과학사. 1986년

27. 김해용『건강으로 가는 길』두리원. 1986년

28. 정동효『미래의 식량』대광서림. 1990년

29. 박진환『쌀』비봉출판사. 1994년

30. 성진근 외 3명『식량안보』농민신문사. 1996년

31. 한영실『음식이 보약이다』태웅출판사. 1998년

32. 송숙자 외 4인『New Start 건강』시조사. 2000년

33. 박정훈『잘먹고 잘사는 법』김영사. 2002년

34. 김해용『껍질을 알면 건강을 얻는다』두리원. 2002년

35. 한강『채식주의자』(주)창비 2007년

36. 미국『상원 영양문제특별위원회, 잘못된 식생활이 성인병 부른다』형성사.
    2004년

37. 송소민 역『곡물의 역사』서해문집. 2016년

38. 김은령 역『침묵의 봄』에코리브로. 2011년

39. 김민식『50년 후 대한민국』밥북. 2015년

대한민국의 저출산 해결을 위한
수십 년간의 연구에 응원을 보냅니다

권선복
(도서출판 행복에너지 대표이사)

대한민국이 합계 출산율 0.75명의 저출산 사회가 되고 있다는 사실은 그 누구도 부정할 수 없는 현실입니다. 전문가들은 이러한 상황에 대한 진단 분석 대책 등을 내놓고 있으며 정부에서도 출산에 대한 파격적인 지원으로 2006년부터 현재까지 저출산 대책에 280조 원을 쏟아 부었지만 세월이 갈수록 출산율은 하락하고 있으며 그 결과 합계 출산율은 0.78명이 되었고 앞으로는 출산율이 더 낮아질 것으로 추산됩니다.

현시대 젊은 사람들은 결혼을 하지 않으려는 것은 물론 결혼을 하더라도 자녀를 낳지 않으려고 하는데 경제적인 문제가 아니라는 생각을 합니다. 대기업 사원이나 학교 선생님 또는 대학교 교수들도 결혼을 미루고 있는 실정은 전문가들이나 정부에서 저출산의 방향을 잘못 정한 것으로 추측됩니다. 여성들의 사회적 지위나 사회적 진출, 과거 세대와는 다른 젊은 세대의 라이프스타일에 기반한 분석, 젊은 세대의 경제적 변화 등 분석은 다양하지만 이 책 『저출산 근본 대책』은 대책 중에서도 아주 독특한 관점에서 저출산의 원인을 찾고 대책 방안을 제시하고 있는 책입니다.

전학주 저자는 대한민국의 빠르게 하락하고 있는 출산율과 혼인율을 변화하는 음식문화에 연관하여 파격적인 현실을 설명하기 위하여 논리적으로 표현하고자 합니다. 그것은 곡식의 겉껍질만 벗긴 낱알의 씨눈에는 인간의 성욕을 증진시키고 문명을 발전시키며 헤어질 때 슬픔을 느끼는 성분이 포함되어 있다는 것과 한국을 비롯한 선진국의 저출산의 원인이 씨눈에 있다는 것을 밝힌 것입니다.
현미밥이 씹기가 불편하고 소화가 잘되지 않는 것은 통곡물의 쌀겨 부분에 고농도의 압력을 가하여 연화시키는 방법을 개발하였으며 이 방법으로 제조된 활성현미는 저출산을 극복할 수 있는 가장 근본적인 대책이 될 것이라는 점이 이 책의 중요한 내용입니다.

전학주 저자가 저출산 근본 대책을 해결하기 위하여 수십 년 동안 연구한 결과를 맺을 수 있기를 소망하는 바입니다.

행복을 부르는 주문

- 권선복

이 땅에 내가 태어난 것도
당신을 만나게 된 것도
참으로 귀한 인연입니다

우리의 삶 모든 것은
마법보다 신기합니다
주문을 외워보세요

나는 행복하다고
정말로 행복하다고
스스로에게 마법을 걸어보세요

정말로 행복해질것입니다
아름다운 우리 인생에
행복에너지 전파하는 삶 만들어나가요

아름다운 사람

– 권선복

아름다운 사람이 되고 싶습니다
내가 말한 말 한마디에
모두가 빙그레 미소 지을 수 있는 힘을 가진
아름다운 사람이 되고 싶습니다.

내가 보인 작은 베풂에
모두가 행복해할 수 있는
선한 영향력을 가진
아름다운 사람이 되고 싶습니다.

말보다 행동보다
모두에게 진정으로 내보일 수 있는
아이같은 순수함을 지닌
아름다운 사람이 되고 싶습니다.

행복

'행복에너지'의 해피 대한민국 프로젝트!

<모교 책 보내기 운동> <군부대 책 보내기 운동>

한 권의 책은 한 사람의 인생을 바꾸는 힘을 가지고 있습니다. 한 사람의 인생이 바뀌면 한 나라의 국운이 바뀝니다. 그럼에도 불구하고 많은 학교의 도서관이 가난하며 나라를 지키는 군인들은 사회와 단절되어 자기계발을 하기 어렵습니다. 저희 행복에너지에서는 베스트셀러와 각종 기관에서 우수도서로 선정된 도서를 중심으로 <모교 책 보내기 운동>과 <군부대 책 보내기 운동>을 펼치고 있습니다. 책을 제공해 주시면 수요기관에서 감사장과 함께 기부금 영수증을 받을 수 있어 좋은 일에 따르는 적절한 세액 공제의 혜택도 뒤따르게 됩니다. 대한민국의 미래, 젊은이들에게 좋은 책을 보내주십시오. 독자 여러분의 자랑스러운 모교와 군부대에 보내진 한 권의 책은 더 크게 성장할 대한민국의 발판이 될 것입니다.

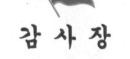

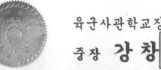